中华文脉读库

李鸿章传

变革时代的晚清权臣肖像

Biography of
Li Hongzhang

梁启超 著

济南出版社

图书在版编目（CIP）数据

李鸿章传 / 梁启超著 . —— 济南：济南出版社，
2025.3. —— ISBN 978-7-5488-6900-9

Ⅰ . K827=52

中国国家版本馆 CIP 数据核字第 2025T9D546 号

李鸿章传
LIHONGZHANG ZHUAN

梁启超　著

出 版 人　谢金岭
责任编辑　姜海静　陈　新
封面设计　四季中天　张　倩

出版发行　济南出版社
地　　址　山东省济南市二环南路 1 号（250002）
总 编 室　0531-86131715
印　　刷　山东临沂新华印刷物流集团有限责任公司
版　　次　2025 年 3 月第 1 版
印　　次　2025 年 3 月第 1 次印刷
开　　本　160mm × 230mm　16 开
印　　张　8.5
字　　数　89 千字
书　　号　ISBN 978-7-5488-6900-9
定　　价　58.00 元

如有印装质量问题 请与出版社出版部联系调换
电话：0531-86131736

版权所有 盗版必究

目　录

序　例	001
第一章　绪　论	003
第二章　李鸿章之位置	007
第三章　李鸿章未达以前及其时中国之形势	013
第四章　兵家之李鸿章（上）	018
第五章　兵家之李鸿章（下）	037
第六章　洋务时代之李鸿章	045
第七章　中日战争时代之李鸿章	055
第八章　外交家之李鸿章（上）	068
第九章　外交家之李鸿章（下）	077
第十章　投闲时代之李鸿章	089
第十一章　李鸿章之末路	106
第十二章　结　论	119

序　例

一、此书全仿西人传记之体，载述李鸿章一生行事，而加以论断，使后之读者知其为人。

二、中国旧文体，凡记载一人事迹者，或以传，或以年谱，或以行状，类皆记事，不下论赞，其有之则附于篇末耳。然夹叙夹论，其例实创自太史公《史记》：《伯夷列传》《屈原列传》《货殖列传》等篇皆是也。后人短于史识，不敢学之耳。著者不敏，窃附斯义。

三、四十年来，中国大事，几无一不与李鸿章有关系。故为李鸿章作传，不可不以作近世史之笔力行之。著者于时局稍有所见，不敢隐讳，意不在古人，在来者也。恨时日太促，行箧中无一书可供考证，其中记述谬误之处，知所不免。补而正之，愿以异日。

四、平吴之役，载湘军事迹颇多，似涉枝蔓；但淮军与湘军，其关系极繁杂；不如此不足以见当时之形势，读者谅之。

五、《中东和约》《中俄密约》《义和团和约》皆载其全文。因李鸿章事迹之原因结果，与此等公文关系者甚多，故不辞拖沓，尽录入之。

六、合肥之负谤于中国甚矣。著者与彼，于政治上为公敌，其私交亦泛泛不深，必非有心为之作冤词也。故书中多为解免之言，颇有与俗论异同者。盖作史必当以公平之心行之，不然，何取乎祸梨枣也？英名相格林威尔尝呵某画工曰："Paint me as I am."言勿失吾真相也。吾著此书，自信不至为格林威尔所呵。合肥有知，必当微笑于地下曰：孺子知我。

光绪二十七年（1901）十一月既望 著者自记

第一章 绪 论

天下惟庸人无咎无誉。举天下人而恶之，斯可谓非常之奸雄矣乎？举天下人而誉之，斯可谓非常之豪杰矣乎？虽然，天下人云者，常人居其千百，而非常人不得其一，以常人而论非常人，乌见其可。故誉满天下，未必不为乡愿；谤满天下，未必不为伟人。语曰：盖棺论定。吾见有盖棺后数十年数百年，而论犹未定者矣。各是其所是，非其所非，论人者将乌从而鉴之。曰：有人于此，誉之者千万，而毁之者亦千万；誉之者达其极点，毁之者亦达其极点；今之所毁，适足与前之所誉相消，他之所誉，亦足与此之所毁相偿。若此者何如人乎？曰是可谓非常人矣。其为非常之奸雄与为非常之豪杰姑勿论，而要之其位置行事，必非可以寻常庸人之眼之舌所得烛照而雌黄之者也。知此义者可以读我之《李鸿章》。

吾敬李鸿章之才，吾惜李鸿章之识，吾悲李鸿章之遇。李之历聘欧洲也，至德见前宰相俾斯麦，叩之曰："为大臣者，欲为国家有所尽力。而满廷意见，与己不合，群掣其肘，于此而欲行厥志，其道何由？"俾斯麦应之曰："首在得君。得君既专，何事不可为？"李鸿章曰："譬有人于此，其君无论何人之言皆听之，居枢要侍近习者，常假威福，挟持大局。若处此者当如之何？"俾斯麦良久曰："苟为大臣，以至诚忧国，度未有不能格君心者，惟与妇人孺子共事，则无如何矣。"（此语据西报译出，寻常华文所登于《星轺日记》者，因有所忌讳，不敢译录也。）李默然云。呜呼！吾观于此，而知李鸿章胸中块垒，牢骚郁悒，有非旁观人所能喻者。吾之所以责李者在此，吾之所以恕李者亦在此。

自李鸿章之名出现于世界以来，五洲万国人士，几于见有李鸿章，不见有中国。一言蔽之，则以李鸿章为中国独一无二之代表人也。夫以甲国人而论乙国事，其必不能得其真相，固无待言，然要之李鸿章为中国近四十年第一流紧要人物。读中国近世史者，势不得不曰李鸿章，而读李鸿章传者，亦势不得不手中国近世史，此有识者所同认也。故吾今此书，虽名之为"同光以来大事记"可也。

不宁惟是，凡一国今日之现象，必与其国前此之历史相应。故前史者，现象之原因，而现象者，前史之结果也。夫以李鸿章与今日之中国，其关系既如此其深厚，则欲论李鸿章之人物，势不可不以如炬之目，观察夫中国数千年来政权变迁之大势，

第一章 绪 论

民族消长之暗潮,与夫现时中外交涉之隐情,而求得李鸿章一身在中国之位置。孟子曰:知人论世。世固不易论,人亦岂易知耶?

今中国俗论家,往往以平发平捻为李鸿章功,以数次和议为李鸿章罪。吾以为此功罪两失其当者也。昔俾斯麦又尝语李曰:"我欧人以能敌异种者为功。自残同种以保一姓,欧人所不贵也。"夫平发平捻者,是兄与弟阋墙而戕弟之脑也,此而可功,则为兄弟者其惧矣。若夫吾人积愤于国耻,痛恨于和议,而以怨毒集于李之一身,其事固非无因。然苟易地以思,当夫乙未二三月、庚子八九月之交,使以论者处李鸿章之地位,则其所措置,果能有以优胜于李乎?以此为罪,毋亦旁观笑骂派之徒快其舌而已。故吾所论李鸿章有功罪于中国者,正别有在。

李鸿章今死矣。外国论者,皆以李为中国第一人。又曰:李之死也,于中国今后之全局,必有所大变动。夫李鸿章果足称为中国第一人与否,吾不敢知;而要之现今五十岁以上之人,三四品以上之官,无一可以望李之肩背者,则吾所能断言也。李之死,于中国全局有关系与否,吾不敢知;而要之现在政府失一李鸿章,如虎之丧其伥,瞽之失其相,前途岌岌,愈益多事,此又吾之所敢断言也。抑吾冀夫外国人之所论非其真也。使其真也,则以吾中国之大,而唯一李鸿章是赖,中国其尚有瘳耶?

西哲有恒言曰:时势造英雄,英雄亦造时势。若李鸿章者,吾不能谓其非英雄也。虽然,是为时势所造之英雄,非造时势之英雄也。时势所造之英雄，寻常英雄也。天下之大，古今之久，何在而无时势？故读一部二十四史，如李鸿章其人之英雄者，车载斗量焉。若夫造时势之英雄，则阅千载而未一遇也。此吾中国历史所以陈陈相因，而终不能放一异彩以震耀世界也。吾著此书，而感不绝于余心矣。

史家之论霍光，惜其不学无术。吾以为李鸿章所以不能为非常之英雄者，亦坐此四字而已。李鸿章不识国民之原理，不通世界之大势，不知政治之本原，当此十九世纪竞争进化之世，而惟弥缝补苴，偷一时之安，不务扩养国民实力，置其国于威德完盛之域，而仅摭拾泰西皮毛，汲流忘源，遂乃自足。更挟小智小术，欲与地球著名之大政治家相角，让其大者，而争其小者，非不尽瘁，庸有济乎？孟子曰："放饭流歠，而问无齿决，是之谓不知务。"殆谓是矣。李鸿章晚年之着着失败，皆由于是。虽然，此亦何足深责？彼李鸿章固非能造时势者也，凡人生于一社会之中，每为其社会数千年之思想习俗义理所困，而不能自拔。李鸿章不生于欧洲而生于中国，不生于今日而生于数十年以前，先彼而生，并彼而生者，曾无一能造时势之英雄以导之翼之。然则其时其地所孕育之人物，止于如是，固不能为李鸿章一人咎也。而况乎其所遭遇，又并其所志而不能尽行哉。吾故曰：敬李之才，惜李之识，而悲李之遇也。但此后有袭李而起者乎，其时势既已一变，则其所以为英雄者亦自一变，其勿复以吾之所以恕李者而自恕也。

第二章　李鸿章之位置

中国历史与李鸿章之关系
本朝历史与李鸿章之关系

欲评骘李鸿章之人物，则于李鸿章所居之国，与其所生之时代，有不可不熟察者两事。

一曰：李鸿章所居者，乃数千年君权专制之国，而又当专制政体进化完满，达于极点之时代也。

二曰：李鸿章所居者，乃满洲人入主中夏之国，而又当混一已久，汉人权力渐初恢复之时代也。

论者动曰：李鸿章近世中国之权臣也。吾未知论者所谓权臣，其界说若何。虽然，若以李鸿章比诸汉之霍光、曹操，明之张居正，与夫近世欧美、日本所谓立宪君主国之大臣，则其权固有迥不相侔者。使鸿章而果为权臣也，以视古代中国权臣，专擅威福，挟持人主，天下侧目，危及社稷，而鸿章乃匪躬蹇蹇，无所觊觎，斯亦可谓纯臣也矣。使鸿章而果为权臣也，以视近代各国权臣，风行雷厉，改革庶政，操纵如意，不避怨嫌，而鸿章乃委靡因循，畏首畏尾，无所成就，斯亦可谓庸臣也矣。虽然，李鸿章之所处，固有与彼等绝异者，试与读者燃犀列炬，上下古今，而一论之。

中国为专制政体之国，天下所闻知也。虽然，其专制政体，亦循进化之公理，以渐发达，至今代而始完满，故权臣之权，迄今而剥蚀几尽。溯夫春秋战国之间，鲁之三桓，晋之六卿，齐之陈田，为千古权臣之巨魁。其时纯然贵族政体，大臣之于国也，万取千焉，千取百焉。枝强伤干，势所必然矣。洎夫两汉，天下为一，中央集权之政体，既渐发生，而其基未固，故外戚之祸特甚。霍、邓、窦、梁之属，接踵而起，炙手可热，王氏因之以移汉祚，是犹带贵族政治之余波焉。苟非有阀阅者，则不敢觊觎大权。范晔《后汉书》论张奂、皇甫规之徒，功定天下之半，声驰四海之表，俯仰顾盼，则天命可移，而犹鞠躬狼狈，无有悔心，以是归功儒术之效，斯固然矣。然亦贵族柄权之风未衰，故非贵族者不敢有异志也。斯为权臣之第一种类。及董卓以后，豪杰蜂起，曹操乘之以窃大位，以武功而为权臣者自操始。此后司马懿、桓温、刘裕、萧衍、陈霸先、高欢、宇文泰之徒，皆循斯轨。斯为权臣之第二种类。又如秦之商鞅，汉之霍光、诸葛亮，宋之王安石，明之张居正等，皆起于布衣，无所凭藉，而以才学结主知，委政受成，得行其志，举国听命，权倾一时，庶几有近世立宪国大臣之位置焉。此为权臣之第三种类。其下者则巧言令色，献媚人主，窃弄国柄，荼毒生民，如秦之赵高，汉之十常侍，唐之卢杞、李林甫，宋之蔡京、秦桧、韩侂胄，明之刘瑾、魏忠贤，穿窬斗筲，无足比数。此为权臣之第四种类。以上四者，中国数千年所称权臣，略尽于是矣。

要而论之，愈古代则权臣愈多，愈近代则权臣愈少，此其故何也？盖权臣之消长，与专制政体之进化成比例，而中国专制政治之发达，其大原力有二端：一由于教义之浸淫，二由于雄主之布划。孔子鉴周末贵族之极敝，思定一尊以安天下，故于权门疾之滋甚，立言垂教，三致意焉。汉兴，叔孙通、公孙弘之徒，缘饰儒术，以立主威。汉武帝表六艺黜百家，专弘此术以化天下，天泽之辨益严，而世始知以权臣为诟病。尔后二千年来，以此义为国民教育之中心点。宋贤大扬其波，基础益定，凡缙绅上流，束身自好者，莫不兢兢焉。义理既入于人心，自能消其枭雄跋扈之气，束缚于名教以就围范。若汉之诸葛，唐之汾阳，及近世之曾、左以至李鸿章，皆受其赐者也。又历代君主，鉴兴亡之由，讲补救之术，其法日密一日，故贵族柄权之迹，至汉末而殆绝。汉光武、宋艺祖之待功臣，优之厚秩，解其兵柄；汉高祖、明太祖之待功臣，摭其疑似，夷其家族。虽用法宽忍不同，而削权自固之道则一也。洎乎近世，天下一于郡县，采地断于世袭，内外彼此，互相牵制，而天子执长鞭以笞畜之。虽复侍中十年，开府千里，而一诏朝下，印绶夕解，束手受吏，无异匹夫，故居要津者无所几幸，唯以持盈保泰、守身全名相劝勉，岂必其性善于古人哉？亦势使然也。以此两因，故桀黠者有所顾忌，不敢肆其志，天下藉以少安焉。而束身自爱之徒，常有深渊薄冰之戒，不欲居嫌疑之地，虽有国家大事，明知其利当以身任者，亦不敢排群议逆上旨以当其冲。谚所谓"做一日和尚撞一日钟"者，满廷人士，皆守此主义焉，非一朝一夕之故，所由来渐矣。

逮于本朝，又有特别之大原因一焉。本朝以东北一部落，崛起龙飞，入主中夏，以数十万之客族，而驭数万万之生民，其不能无彼我之见，势使然也。自滇、闽、粤三藩，以降将开府，成尾大不掉之形，竭全力以克之，而后威权始统于一，故二百年来，唯满员有权臣，而汉员无权臣。若鳌拜，若和珅，若肃顺、端华之徒，差足与前代权门比迹者，皆满人也。计历次军兴，除定鼎之始不俟论外，若平三藩，平准噶尔，平青海，平回部，平哈萨克、布鲁特、敖罕、巴达克、爱乌罕，平西藏廓尔喀，平大小金川，平苗，平白莲教、天理教，平喀什噶尔，出师十数，皆用旗营，以亲王贝勒或满大臣督军。若夫平时，内而枢府，外而封疆，汉人备员而已，于政事无有所问。如顺治、康熙间之洪承畴，雍正、乾隆间之张廷玉，虽位尊望重，然实一弄臣耳。自余百僚，更不足道。故自咸丰以前，将相要职，汉人从无居之者（将帅间有一二，则汉军旗人也）。及洪、杨之发难也，赛尚阿、琦善皆以大学士为钦差大臣，率八旗精兵以远征，迁延失机，令敌坐大，至是始知旗兵之不可用，而委任汉人之机，乃发于是矣。故金田一役，实满汉权力消长之最初关头也。及曾、胡诸公，起于湘鄂，为平江南之中坚，然犹命官文以大学士领钦差大臣。当时朝廷虽不得不倚重汉人，然岂能遽推心于汉人哉？曾、胡以全力交欢官文，每有军议奏事，必推为首署；遇事归功，报捷之疏，待官乃发。其执谦固可敬，其苦心亦可怜矣。试一读《曾文正集》，自金陵克捷以后，战战兢兢，若芒在背。以曾之学养深到，犹且如是，况李鸿章之自信力犹不及曾者乎？吾故曰：李鸿章之地位，比诸汉之霍光、曹操，明之张居正，与夫近世欧洲、日本所谓立宪君主国之大臣，有迥不相侔者，势使然也。

且论李鸿章之地位，更不可不明中国之官制。李鸿章历任之官，则大学士也，北洋大臣也，总理衙门大臣也，商务大臣也，江苏巡抚，湖广、两江、两广、直隶总督也。自表面上观之，亦可谓位极人臣矣。虽然，本朝自雍正以来，政府之实权，在军机大臣（自同治以后，督抚之权虽日盛，然亦存乎其人，不可一例），故一国政治上之功罪，军机大臣当负其责任之大半。虽李鸿章之为督抚，与寻常之督抚不同，至若举近四十年来之失政，皆归于李之一人，则李固有不任受者矣。试举同治中兴以来军机大臣之有实力者如下：

第一	文祥、沈桂芬时代	同治初年
第二	李鸿藻、翁同龢时代	同治末年及光绪初年
第三	孙毓汶、徐用仪时代	光绪十年（1884）至光绪廿一年（1895）
第四	李鸿藻、翁同龢时代	光绪廿一年（1895）至光绪廿四年（1898）
第五	刚毅、荣禄时代	光绪廿四年（1898）至今

按：观此表，亦可观满汉权力消长之一斑。自发捻以前，汉人无真执政者，曾文忠汲引沈文定，实为汉人掌政权之嚆矢。其后李文正，翁师傅，孙、徐两尚书继之，虽其人之贤否不必论，要之同治以后，不特封疆大吏，汉人居其强半，即枢府之地，实力亦骤增焉。自戊戌八月以后，形势又一变矣，此中消息，言之甚长，以不关此书本旨，不具论。

由此观之，则李鸿章数十年来共事之人可知矣。虽其人贤否才不才未便细论，然要之皆非与李鸿章同心、同力、同见识、同主义者也。李鸿章所诉于俾斯麦之言，其谓是耶？其谓是耶！而况乎军机大臣之所仰承风旨者，又别有在也，此吾之所以为李鸿章悲也。抑吾之此论，非有意袒李鸿章而为之解脱也。即使李鸿章果有实权，尽行其志，吾知其所成就亦决无以远过于今日。何也？以鸿章固无学识之人也。且使李鸿章而真为豪杰，则凭藉彼所固有之地位，亦安在不能继长增高，广植势力，以期实行其政策于天下。彼格兰斯顿、俾斯麦，亦岂无阻力之当其前者哉？是固不得为李鸿章作辩护人也。虽然，若以中国之失政而尽归于李鸿章一人，李鸿章一人不足惜，而彼执政误国之枢臣，反得有所诿以辞斧钺，而我四万万人放弃国民之责任者，亦且不复自知其罪也。此吾于李鸿章之地位，所以不得断断置辩也。若其功罪及其人物如何，请于末简纵论之。

第三章　李鸿章未达以前及其时中国之形势

李鸿章之家世

欧力东渐之势

中国内乱之发生

李鸿章与曾国藩之关系

李鸿章，字渐甫，号少荃，安徽庐州府合肥县人。父名进文，母沈氏，有子四人，瀚章官至两广总督，鹤章、昭庆，皆从军有功。鸿章其仲也，生于道光三年癸未（1823）正月五日，幼受学于寻常塾师，治帖括业，年二十五，成进士，入翰林，实道光二十七年（1847），丁未也。

李鸿章之初生也，值法国大革命之风潮已息，绝世英雄拿破仑，窜死于绝域之孤岛。西欧大陆之波澜，既已平复，列国不复自相侵掠，而唯务养精蓄锐，以肆志于东方。于是数千年一统垂裳之中国，遂日以多事：伊犁界约，与俄人违言于北；鸦片战役，与英人肇衅于南。当世界多事之秋，正举国需才之日。加以瓦特氏新发明汽机之理，艨艟轮舰，冲涛跋浪，万里缩地，天涯比邻；苏伊士河开凿功成，东西相距骤近，西力东渐，奔腾澎湃，如狂飓，如怒潮，啮岸砰崖，黯日蚀月，遏之无可遏，抗之无可抗。盖自李鸿章有生以来，实为中国与世界始有关系之时代，亦为中国与世界交涉最艰之时代。

翻观国内之情实，则自乾隆以后，盛极而衰，民力凋敝，官吏骄横，海内日以多事。乾隆六十年（1795），遂有湖南、贵州红苗之变。嘉庆元年（1796），白莲教起，蔓延及于五省，前后九年［嘉庆九年（1804）］，耗军费两万万两，乃仅平之。同时海寇蔡牵等，窟穴安南，侵扰两广、闽、浙诸地，大肆蹂躏，至嘉庆十五年（1810），仅获戡定。而天理教李文成、林清等旋起，震扰山东、直隶，陕西亦有箱贼之警。道光间又有回部张格尔之乱，边境骚动，官军大举征伐，亘七年仅乃底定。盖当嘉、道之间，国力之疲弊，民心之蠢动已甚，而举朝醉生梦死之徒，犹复文恬武熙，太平歌舞，水深火热，无所告诉，有识者固稍忧之矣。

抑中国数千年历史，流血之历史也，其人才，杀人之人才也。历睹古今已往之迹，唯乱世乃有英雄，而平世则无英雄。事势如是。至道、咸末叶，而所谓英雄者，乃始磨刀霍霍，以待日月之至矣。盖中国自开辟以来，无人民参与国政之例，民之为

第三章　李鸿章未达以前及其时中国之形势

官吏所凌逼、憔悴虐政，无可告诉者，其所以抵抗之术，只有两途，小则罢市，大则作乱，此亦情实之无可如何者也。而又易姓受命，视为故常；败则为寇，成则为王。汉高明太，皆起无赖，今日盗贼，明日神圣，唯强是崇，他靡所云。以此习俗，以此人心，故历代揭竿草泽之事，不绝于史简。其间有承平百数十年者，不过经前次祸乱屠戮以后，人心厌乱；又户口顿少，谋生较易；或君相御下有术，以小恩小惠徼结民望，弥缝补苴，聊安一时而已。实则全国扰乱之种子，无时间绝，稍有罅隙，即复承起。故数千之史传，实以脓血充塞，以肝脑涂附，此无可为讳者也。本朝既龙兴关外，入主中华，以我国民自尊自大蔑视他族之心，自不能无所芥蒂，故自明亡之后，其遗民即有结为秘密党会，以图恢复者，二百余年不绝，蔓延于十八行省，所在皆是。前此虽屡有所煽动，而英主继踵，无所得逞，郁积既久，必有所发。及道、咸以后，官吏之庸劣不足惮，既已显著，而秕政稠叠，国耻纷来，热诚者欲扫雾雰以立新猷，桀黠者欲乘利便以觊非分，此殆所谓势有必至，理有固然者耶。于是一世之雄洪秀全、杨秀清、李秀成等，因之而起；于是一世之雄曾国藩、左宗棠、李鸿章等，因之而起。

鸿章初以优贡客京师，以文学受知于曾国藩，因师事焉，日夕过从，讲求义理、经世之学，毕生所养，实基于是。及入翰林，未三年而金田之乱起，洪秀全以一匹夫揭竿西粤，仅二年余，遂乃蹂躏全国之半；东南名城，相继陷落，土崩瓦解，有岌岌不可终日之势。时鸿章在安徽原籍，赞巡抚福济及吕贤基军事。时庐州已陷，敌兵分据近地，为掎角之势，福济欲复庐州，不能得志。鸿章乃建议先取含山、巢县以绝敌援，福济即授以兵，遂克二县。于是鸿章知兵之名始著，时咸丰四年（1854）十二月也。

当洪秀全之陷武昌也，曾国藩以礼部侍郎丁忧在籍，奉旨帮办团练，慨然以练劲旅靖大难为己任。于是湘军起。湘军者，淮军之母也。是时八旗绿营旧兵，皆窳惰废弛，怯懦闒冗，无所可用；其将校皆庸劣无能，暗弱失职。国藩深察大局，知非扫除而更张之，必不奏效，故延揽人才，统筹全局，坚忍刻苦，百折不挠，恢复之机，实始于是。

秀全既据金陵，骄汰渐生，内相残杀，腐败已甚。使当时官军得人，以实力捣之，大难之平，指顾间事耳。无如官军之骄汰腐败，更甚于敌。咸丰六年（1856），向荣之金陵大营一溃；十年，和春、张国梁之金陵大营再溃，驯至江浙相继沦陷，敌氛更甚于初年。加以七年丁未以来，与英国开衅，当张国梁、和春阵亡之时，即英法联军入北京烧圆明园之日。天时人事，交侵洊逼，盖至是而祖宗十传之祚，不绝者如线矣。

曾国藩虽治兵十年，然所任者仅上游之事，固由国藩深算慎重，不求急效，取踏实地步节节进取之策；亦由朝廷委任不专，事权不一，未能尽行其志也。故以客军转战两湖、江、皖等省，其间为地方大吏掣肘失机者，不一而足，是以功久无成。

第三章　李鸿章未达以前及其时中国之形势

及金陵大营之再溃，朝廷知舍湘军外，无可倚重。十年四月，乃以国藩署两江总督，旋实授，并授钦差大臣，督办江南军务，于是兵饷之权，始归于一，乃得与左、李诸贤，合力以图苏、皖、江、浙，大局始有转机。

李鸿章之在福济幕也，福尝疏荐道员，郑魁士沮之，遂不得授。当时谣诼纷纭，谤议屡起，鸿章几不能自立于乡里。后虽授福建延邵建遗缺道，而拥虚名，无官守。及咸丰八年（1858），曾国藩移师建昌，鸿章来谒，遂留幕中。九年五月，国藩派调湘军之在抚州者，旧部四营，新募五营，使弟国荃统领之，赴景德镇助剿，而以鸿章同往参赞。江西肃清后，复随曾国藩大营两年有奇。十年，国藩督两江，议兴淮扬水师，请补鸿章江北司道，未行；复荐两淮运使，疏至，文宗北行，不之省。是时鸿章年三十八，怀才郁悒，抚髀蹉跎者，既已半生，自以为数奇，不复言禄矣。呜呼，此天之所以厄李鸿章欤，抑天之所以厚李鸿章欤？彼其偃蹇颠沛十余年，所以练其气，老其才，以为他日担当大事之用。而随赞曾军数年中，又鸿章最得力之实验学校，而终身受其用者也。

第四章　兵家之李鸿章（上）

李鸿章之崛起与淮军之成立

当时官军之弱及饷源之竭

江浙两省得失之关系

常胜军之起

李鸿章与李秀成之劲敌

淮军平吴之功

江苏军与金陵军、浙江军之关系

金陵之克复

秦末之乱，天下纷扰，豪杰云起，及项羽定霸后，而韩信始出现；汉末之乱，天下纷扰，豪杰云起，及曹操定霸后，而诸葛亮始出现。自古大伟人，其进退出处之间，天亦若有以靳之，必待机会已熟，持满而发，莫或使之，若或使之。谢康乐有言：诸公生天虽在灵运先，成佛必居灵运后。吾观中兴诸大臣，其声望之特达，以李鸿章为最迟；而其成名之高，当国之久，亦以李鸿章为最盛。事机满天下，时势造英雄，李鸿章固时代之骄儿哉！

当咸丰六、七年（1856—1857）之交，敌氛之盛，达于极点，而官军凌夷益甚。庙算动摇无定，各方面大帅，互相猜忌，加以军需缺乏，司农仰屋，惟恃各省自筹饷项，枝枝节节，弥东补西，以救一日之急。当此之时，虽有大忠雄才，其不能急奏肤功，事理之易明也。于是乎出万不得已之策，而采用欧美军人助剿之议起。

先是洪、杨既据南京，蹂躏四方，十八行省，无一寸干净土，经历十年，不克戡定。北京政府之无能力，既已暴著于天下。故英国领事及富商之在上海者，不特不目洪秀全为乱贼而已，且视之与欧洲列国之民权革命党同一例，以文明友交待之，间或供给其军器、弹药、粮食。其后洪秀全骄侈满盈，互相残杀，内治废弛，日甚一日。欧美识者，审其举动，乃知其所谓太平天国，所谓四海兄弟，所谓平和博爱，所谓平等自由，皆不过外面之假名，至其真相，实与中国古来历代之流寇，毫无所异。因确断其不可以定大业。于是英、法、美各国，皆一变其方针，咸欲为北京政府假借兵力，以助戡乱。具述此意以请于政府，实咸丰十年（1860）事也。而俄罗斯亦欲遣海军小舰队，运载兵丁若干，溯长江以助剿，俄公使伊格那面谒恭亲王以述其意。

按：欧美诸邦，是时新通商于中国，其必不欲中国之扰乱固也。故当两军相持，历年不决之际，彼等必欲有所助以冀速定。而北京政府之腐败，久已为西人所厌惮，其属望于革命军者必加厚，亦情势之常矣。彼时欧美诸国，右投则官军胜，左投则敌军胜，胜败之机，间不容发。使洪秀全而果有大略，具卓识，内修厥政，外谙交涉，速与列国通商定约，因假其力以定中原，天下事未可知也。竖子不悟，内先腐败，失交树敌，终为夷僇，不亦宜乎。而李文忠等之功名，亦于此成矣。

时英法联军新破北京，文宗远在热河。虽和议已定，而猜忌之心犹盛。故恭亲王关于借兵助剿之议，不敢专断，一面请之于行在所，一面询诸江南、江北钦差大臣曾国藩、袁甲三及江苏巡抚薛焕、浙江巡抚王有龄等，使具陈其意见。当时极力反对之，谓有百害而无一利者，唯江北钦差大臣袁甲三（袁世凯之父也）。薛焕虽不以为可，而建议雇印度兵，使防卫上海及其附近，并请以美国将官华尔、白齐文为队长。曾国藩覆奏，其意亦略相同，谓当中国疲弊之极，外人以美意周旋，不宜拂之。故当以温言答其助剿之盛心，而缓其出师来会之期日，一面利用外国将官，以收剿贼之实效。于是朝廷依议，谢绝助剿，而命国藩任聘请洋弁训练新兵之事，此实常胜军之起点，而李鸿章勋名发轫之始，大有关系者也。

华尔者，美国纽约人也，在本国陆军学校卒业，为将官，以小罪去国，潜匿上海。当咸丰十年（1860），洪军蹂躏江苏，苏、常俱陷。上海候补道杨坊，知华尔沉毅有才，荐之于布政使吴煦。煦乃请于美领事，赦其旧罪，使募欧美人愿为兵者数十人，益以中国应募者数百，使训练之以防卫苏沪。其后屡与敌战，常能以少击众，所向披靡，故官军敌军，皆号之曰"常胜军"。常胜军之立，实在李鸿章未到上海以前也。

今欲叙李鸿章之战绩，请先言李鸿章立功之地、之形势。

江浙两省，中国财赋之中坚也，无江浙则是无天下。故争兵要则莫如武汉，争饷源则莫如苏杭，稍明兵略者所能知也。洪秀全因近来各地官军声势颇振，非复如前日之所可蔑视，且安庆新克复〔咸丰十一年（1861）辛酉八月曾国荃克复〕，金陵之势益孤，乃遣其将李秀成、李世贤等分路扰江浙，以牵制官军之兵力。秀成军锋极锐，萧山、绍兴、宁波、诸暨、杭州皆连陷，浙抚王有龄死之。江苏城邑，扰陷殆遍，避乱者群集于上海。

安庆克复之后，湘军声望益高。曩者廷臣及封疆大吏，有不慊于曾国藩者，皆或死或罢，以故征剿之重任，全集于国藩之一身。屡诏敦促国藩，移师东指，规复苏、常、杭失陷郡县，五日之中，严谕四下。国藩既奏荐左宗棠专办浙江军务，而江苏绅士钱鼎铭等，复于十月以轮船溯江赴安庆，面谒国藩，哀乞遣援，谓吴中有可乘之机而不能持久者三端：曰乡团，曰枪船，曰内应是也；有仅完之土而不能持久者三城：曰镇江，曰湖州，曰上海是也。国藩见而悲之。时饷乏兵单，楚军无可分拨，乃与李鸿章议，期以来年二月济师。

咸丰十一年（1861）十一月，有旨询苏帅于国藩，国藩以李鸿章对，且请酌拨数千军，使驰赴下游，以资援剿。于是鸿章归庐州募淮勇。既到安庆，国藩为定营伍之法、器械之用、薪粮之数，悉仿湘勇章程，亦用楚军营规以训练之。

先是淮南迭为发、捻所蹂躏，居民大困，唯合肥县志士张树声、树珊兄弟，周盛波、盛传兄弟，及潘鼎新、刘铭传等，自咸丰初年，即练民团以卫乡里，筑堡垒以防寇警，故安徽全省糜烂，而合肥独完。李鸿章之始募淮军也，因旧团而加以精练，二张、二周、潘、刘咸从焉。淮人程学启者，向在曾国荃部下，官至参将，智勇绝伦，国藩特选之使从鸿章，其后以勇敢善战，名冠一时。又淮军之初成也，国藩以湘军若干营为之附援，而特于湘将中选一健者统之，受指挥于鸿章麾下，即郭松林是也。以故淮军名将，数程、郭、刘、潘、二张、二周。

同治元年（1862）二月，淮军成，凡八千人，拟濒江而下，傍贼垒冲过以援镇江，计未决。二十八日，上海官绅筹银十八万两，雇轮船七艘，驶赴安庆奉迎。乃定以三次载赴上海。三月三十日，鸿章全军抵沪，得旨署理江苏巡抚，以薛焕为通商大臣，专办交涉事件（薛焕，原江苏巡抚也）。

此时常胜军之制，尚未整备。华尔以一客将，督五百人，守松江。是年正月，敌众万余人来犯松江，围华尔数十匝，华尔力战破之。及鸿章之抵上海也，华尔所部属焉，更募华人壮勇附益之，使加训练，其各兵勇俸给，比诸湘淮各军加厚。自是常胜军之用，始得力矣。

第四章　兵家之李鸿章（上）

松江府者，在苏浙境上，提督驻扎之地，而江苏之要冲也。敌军围攻之甚急，李鸿章乃使常胜军与英法防兵合（当时英法有防兵若干，专屯上海自保租界），攻松江南之金山卫及奉贤县；淮军程学启、刘铭传、郭松林、潘鼎新诸将，攻松江东南之南汇县。敌兵力斗，英法军不支退却，嘉定县又陷，敌乘胜欲进迫上海，程学启邀击大破之，南汇之敌将吴建瀛、刘玉林等开城降。川沙厅（在吴淞口南岸）敌军万余又来犯，刘铭传固守南汇，大破之，遂复川沙厅。然敌势犹雄劲不屈，以一队围松江青浦，以一队屯广福塘桥，集于泗滨，以窥新桥。五月，程学启以孤军屯新桥，当巨敌之冲，连日被围甚急。鸿章闻之，自提兵赴援，与敌军遇于徐家汇，奋斗破之。学启自营中望见鸿章帅旗，遽出营夹击，大捷，斩首三千级，俘馘四百人，降者千余。敌军之屯松江府外者，闻报震骇，急引北走，围遂解，沪防解严。

淮军之初至上海也，西人见其衣帽之粗陋，窃笑嗤之。鸿章徐语左右曰：军之良窳，岂在服制耶？须彼见吾大将旗鼓，自有定论耳。至是欧美人见淮军将校之勇毅、纪律之整严，莫不改容起敬，而常胜军之在部下者，亦始帖然服李之节制矣。

当时曾国藩既以独力拜讨贼之大命，任重责专，无所旁贷，无所掣肘。于是以李鸿章图苏，左宗棠图浙，曾国荃图金陵。金陵敌之根据地也，而金陵与江浙两省，实相须以成其雄。故非扫荡江苏之敌军，则金陵不能坐困，而非攻围金陵之敌巢，则江苏亦不能得志。当淮军之下沪也，曾国荃与杨载福（后改名岳斌）、彭玉麟等，谋以水陆协进，破长江南北两岸之敌垒。四月，国荃自太平府沿流下长江，拔金柱关，夺东梁山营寨，更进克秣陵关、三汊河、江心洲、蒲包洲。五月，遂进屯金陵城外雨花台，实李鸿章解松江围之力也。故论此役之战绩，当知湘军之能克金陵、歼巨敌，非曾国荃一人之功，实由李鸿章等断其枝叶，使其饷源兵力成孤立之势，而根干不得不坐凋。淮军之能平全吴克奏肤功，亦非李鸿章一人之功，实由曾国荃等捣其巢穴，使其雄帅骁卒有狼顾之忧，而军锋不得不坐顿。东坡句云："江山如画，一时多少豪杰。"同治元、二年间（1862—1863），亦中国有史以来之一大观矣。

李秀成者，李鸿章之劲敌，而敌将中后起第一人也。洪秀全之初起也，其党中杰出之首领，曰东王杨秀清、南王冯云山、西王萧朝贵、北王韦昌辉、翼王石达开，当时号为五王。既而冯、萧战死于湖南；杨、韦金陵争权，互相屠杀；石达开独有大志，不安其位，别树一帜，横行湖南、江西、广西、贵州、四川诸省，于是五王俱尽。咸丰四、五年之间（1854—1855），官军最不振，而江南之敌势亦浸衰矣。李秀成起于小卒，位次微末，当金陵割据以后，尚不过杨秀清帐下一服役童子，然最聪慧明敏，富于谋略，胆气绝伦。故洪氏末叶，得以扬余烬簸浩劫，使官军疲于奔命，越六七载而后定者，皆秀成与陈玉成二人之力也。玉成纵横长江上游，起台飓于豫、皖、湘、鄂；秀成出没长江下口，激涛浪于苏、杭、常、扬。及玉成既死，而洪秀全所倚为柱石者，秀成一人而已。秀成既智勇绝人，且有大度，仁爱

第四章　兵家之李鸿章（上）

驭下，能得士心，故安庆虽克复，而下游糜烂滋甚。自曾军合围雨花台之后，而于江苏地方及金陵方面之各战，使李鸿章、曾国荃费尽心力，以非常之巨价，仅购得战胜之荣誉者，唯李秀成之故。故语李鸿章者，不可不知李秀成。

李鸿章自南汇一役以后，根基渐定，欲与金陵官军策应，牵制敌势，遂定进攻之策。是岁七月，使程学启、郭松林等急攻青浦县城，拔之；并发别军驾汽船渡海攻浙江绍兴府之余姚县，拔之。八月，李秀成使谭绍光拥众十余万犯北新泾（江苏地①，去上海仅数里）。刘铭传邀击大破之，敌遂退保苏州。

其月，淮军与常胜军共入浙江，攻慈溪县，克之。是役也，常胜军统领华尔奋战先登，中弹贯胸卒，遗命以中国衣冠殓。美国人白齐文代领常胜军。

是岁夏秋之变，江南疠疫流行，官军死者枕藉。李秀成乘之，欲解金陵之围，乃以闰八月选苏州、常州精兵十余万赴金陵，围曾国荃大营，以西洋开花大炮数十门，并力轰击，十五昼夜，官军殊死战，气不稍挫。九月，秀成复使李世贤自浙江率众十余万合围金陵，攻击益剧。曾国藩闻报，大忧之，急征援于他地。然当时江浙及江北各方面之官军，皆各有直接之责任，莫能赴援。此役也，实军兴以来两军未曾有之剧战也。当时敌之大军二十余万，而官军陷于重围之中者不过三万余，且将卒病死、战死及负伤者殆过半焉。而国荃与将士同甘苦，共患难，相爱

---

① 编者注：此地今属上海。

如家人父子，故三军乐为效死，所以能抗十倍之大敌以成其功也。秀成既不能拔，又以江苏地面官军之势渐振，恐江苏失而金陵亦不能独全，十月，遂引兵退，雨花台之围乃解。

  按：自此役以后，洪秀全之大事去矣。夫屯兵于坚城之下，兵家所大忌也。向荣、和春，既两度以此致败，故曾文正甚鉴之，甚慎之。曾忠襄之始屯雨花台，文正屡戒焉。及至此役，外有十倍强悍之众，内有穷困决死之寇，官军之危，莫此为甚。乃敌军明知官军之寡单如此，其疮痍又如彼，而卒不敢肉薄突入，决一死命，以徼非常之功于俄顷，而顾亏此一篑，忽焉引去，遂致进退失据，随以灭亡，何也？盖当时敌军将帅富贵已极，骄奢淫逸，爱惜生命，是以及此。此亦官军所始念不及也。曾文正曰：凡军最忌暮气。当道、咸之交，官军皆暮气，而贼军皆朝气；及同治初元，贼军皆暮气，而官军皆朝气。得失之林，皆在于是。谅哉言乎！以李秀成之贤，犹且不免，若洪秀全者，冢中枯骨，更何足道。所谓"灭六国者六国也，非秦也；族秦者秦也，非天下也"。殷鉴不远，有志于天下者，其可以戒矣。洪秀全以市井无赖，一朝崛起，不数岁而蹂躏天下之半，不能以彼时风驰云卷，争大业于汗马之上，遂乃苟安全陵，视为安乐窝，潭潭府第，真陈涉之流亚哉！株守一城，坐待围击。故向荣、和春之溃，非洪秀全自有可以不亡之道，特其所遇之敌，亦如唯之与阿，相去无几，故得以延其残喘云尔。呜呼！曾、洪兴废之间，天耶人耶？君子曰：人也。

又按：此役为湘淮诸将立功之最大关键。非围金陵，则不能牵江浙之敌军，而李文忠新造之军，难遽制胜；非攻江浙，则不能解金陵之重围，而曾忠襄久顿之军，无从保全。读史者不可不于此着眼焉。

李秀成之围金陵也，使其别将谭绍光、陈炳文留守苏州。九月，绍光等率众十余万，分道自金山、太仓而东。淮军诸将防之，战于三江口、四江口，互有胜败。敌复沿运河设屯营，亘数十里，驾浮桥于运河及其支流，以互相往来，进攻黄渡，围四江口之官军甚急。九月廿二日，鸿章部署诸将，攻其本营。敌强悍善战，淮军几不支。刘铭传、郭松林、程学启等身先士卒，挥剑奋斗，士气一振，大破之，擒斩万余人，四江口之围解。

常胜军统领华尔之死也，白齐文以资格继其任。白氏之为人，与华氏异，盖权谋黠猾之流也。时见官军之窘蹙，乃窃通款于李秀成。十月，谋据松江城为内应，至上海胁迫道台杨坊，要索军资巨万，不能得，遂殴打杨道，掠银四万两而去。事闻，李鸿章大怒，立与英领事交涉，黜白齐文，使偿所攫金，而以英国将官戈登代之，常胜军始复为用。时同治二年（1863）二月也。此实为李鸿章与外国办交涉第一事，其决断强硬之概，论者韪之。

白齐文黜后，欲杀之，而为美领事所阻，遂放之。复降于李秀成，为其参谋，多所策划，然规模狭隘。盖劝秀成弃江浙，斩其桑茶，毁其庐舍，而后集兵力北向，据秦、晋、齐、豫中原之形势，以控制东南，其地为官军水师之力所不及，可成大业云云。秀成不听。白齐文又为敌军购买军械，窃掠汽船，得新式炮数门，献之秀成，以故苏州之役，官军死于宝带桥者数百人。其后不得志于秀成，复往漳州投贼中，卒为郭松林所擒死。

先是曾国藩获敌军谍者，得洪秀全与李秀成手谕，谓湖南北及江北，今正空虚，使李秀成提兵二十万，先陷常熟，一面攻扬州，一面窥皖、楚。国藩乃驰使李鸿章使先发制之，谓当急取太仓州以扰常熟，牵制秀成，使不得赴江北。鸿章所见适同。同治二年（1863）二月，乃下令常熟守将，使死守待援，而遣刘铭传、潘鼎新、张树珊率所部驾轮船赴福山，与敌数十战皆捷。别遣程学启、李鹤章攻太仓、昆山县以分敌势，而使戈登率常胜军与淮军共攻福山，拔之，常熟围解。三月，克复太仓、昆山，擒敌七千余，程学启之功最伟。戈登自此益敬服学启焉。

五月，李秀成出无锡，与五部将拥水陆兵数十万，图援江阴，据常熟。李鸿章遣其弟鹤章及刘铭传、郭松林等分道御之。铭传、松林与敌之先锋相遇，击之，获利。然敌势太盛，每战死伤相当。时敌筑连营于运河之涯，北自北洇，南至张桥，东自陈市，西至长寿，纵横六七十里，垒堡百数，皆扼运河之险，尽毁桥梁，备炮船于河上，水陆策应，形势大炽。

鹤章与铭传谋，潜集材木造浮桥，夜半急渡河袭敌，破敌营之在北涠者三十二。郭松林亦进击力战，破敌营之在南涠者三十五。周盛波之部队，破敌营之在麦市桥者二十三。敌遂大溃，死伤数万，河为不流，擒其酋将百余人、马五百匹、船二十艘，兵器、弹药、粮食称是。自是顾山以西无敌踪。淮军大振。六月吴江敌将望风降。

程学启率水陆万余人，与铭传谋复苏州。进破花泾港，降其守将，屯潍亭。七月，李鸿章自将，克复太湖厅，向苏州进发，先使铭传攻江阴。敌之骁将陈坤书，与湖南、湖北、山东四大股十余万众，并力来援。鸿章、铭传亲觇敌势，见其营垒大小棋列，西自江滨，东至山口，乃定部署猛进攻之。敌抵抗甚力，相持未下。既而城中有内变者，开门纳降，江阴复。

时程学启别屯苏州附近，连日力战，前后凡数十捷。敌垒之在宝带桥、五龙桥、蠡口、黄埭、浒关、王瓜泾、十里亭、虎邱、观音庙者十余处，皆陷。而郭松林之军，亦大捷于新塘桥，斩伪王二名，杀伤万余人，夺船数百艘，敌水军为之大衰。李秀成痛愤流涕，不能自胜。自是淮军威名震天下。

敌军大挫后，李秀成大举图恢复，使其部将纠合无锡、溧阳、宜兴等处众八万余，船千余只，出运河口，而自率精锐数千，据金匮援苏州，互相策应，与官军连战，互有胜败。十月十九日（二年），李鸿章亲督军，程学启、戈登为先锋，进迫苏州城，苦战剧烈，遂破其外郭。秀成及谭绍光等引入内城，死守不屈。既而官军水陆并进，合围三面，城中粮尽，众心疑惧。其裨将郜云官等，猜疑携贰，遂通款于程学启，乞降。于是学启与戈登亲乘轻舸造城北之阳澄湖，与云官等面订降约，使杀秀成、绍光以献，许以二品之赏。戈登为之保人，故云官等不疑。然卒不忍害秀成，乃许斩绍光而别。

李秀成微觉其谋，然事已至此，无可奈何，乃乘夜出城去（十月廿三夜）。廿四日，谭绍光以事召云官于帐中，云官乃与骁将汪有为俱见绍光，即刺杀之，并掩击其亲军千余人，遂开门降。廿五日，云官等献绍光首，请程学启入城验视。其降酋之列衔如下：

一、纳王郜云官　　二、比王伍贵文
三、康王汪安均　　四、宁王周文佳
五、天将军范起发　六、天将军张大洲
七、天将军汪环武　八、天将军汪有为

当时此八将所部兵在城中者尚十余万人，声势汹汹。程学启既许以总兵、副将等职，至是求如约。学启细察此八人，谓狼子野心，恐后不可制，乃与李鸿章密谋，设宴大飨彼等于坐舰，号炮一响，伏兵起而骈戮之，并杀余党之强御者千余，余众俱降。苏州定，鸿章以功加太子少保。

先是八酋之降也，戈登实为保人。至是闻鸿章之食言也，大怒，欲杀鸿章以偿其罪，自携短铳以觅之。鸿章避之，不敢归营。数日后，怒渐解，乃止。

第四章　兵家之李鸿章（上）

按：李文忠于是有惭德矣。夫杀降已为君子所不取，况降而先有约，且有保人耶？故此举有三罪焉：杀降背公理一也，负约食言二也，欺戈登负友人三也。戈登之切齿痛恨，至欲刲刃其腹以泄大怼，不亦宜乎？虽彼鉴于苗沛霖、李世忠故事，其中或有所大不得已者存，而文忠生平好用小智小术，亦可以见其概矣。

苏州之克复，实江南戡定第一关键也。先是曾国荃、左宗棠、李鸿章，各以孤军东下，深入重地，彼此不能联络策应，故力甚单而势甚危。苏州之捷，李鸿章建议统筹全局，欲乘胜进入浙地，与曾左两军互相接应，合力大举，是为官军最后结果第一得力之着。十一月，刘铭传、郭松林、李鸿章进攻无锡，拔之。擒斩其将黄子漋父子。于是鸿章分其军为三大部队：其（甲）队，自率之；（乙）队，程学启率之，入浙，拔平湖、乍浦、澉浦、海盐、嘉善，迫嘉兴府；左宗棠之军（浙军），亦进而与之策应，入杭州界，攻余杭县，屡破敌军；（丙）队，刘铭传、郭松林等率之，与常胜军共略常州，大捷，克复宜兴、荆溪，擒敌将黄靖忠。鸿章更使郭松林进攻溧阳，降之。

时敌将陈坤书，有众十余万，据常州府，张其翼以捣官军之后背。李鸿章与刘铭传当之，敌军太盛，官军颇失利。坤书又潜兵迂入江苏腹地，出没江阴、常熟、福山等县，江阴、无锡戒严，江苏以西大震。李鸿章乃使刘铭传独当常州方面，而急召郭松林弃金坛，昼夜疾赴，归援苏州。又使李鹤章急归守无锡，杨鼎勋、张树声率别军扼江阴之青阳、焦阴，断敌归路。时敌军围常熟益急，苦战连日，仅支。又并围无锡，李鸿章婴壁固守几殆。数日，郭松林援军至，大战破敌，围始解。松林以功授福山镇总兵。

先是程学启围嘉兴（此年正月起）极急，城中守兵，锋锐相当，两军死伤枕藉。二月十九日，学启激励将士，欲速拔之，躬先陷阵，越浮桥，肉薄梯城。城上敌兵死守，弹丸如雨，忽流弹中学启左脑仆。部将刘士奇见之，立代主将督军，先登入城。士卒怒愤，勇气百倍。而潘鼎新、刘秉璋等，亦水陆交进，遂拔嘉兴。

程学启被伤后，卧疗数旬，遂不起，以三月十日卒，予谥忠烈。李鸿章痛悼流涕。

嘉兴府之克复也，杭州敌焰大衰，遂以二月二十三日（十九嘉兴克复），敌大队乘夜自北门脱出。左军以三月二日入杭州城，至是苏军（李军）与浙军（左军）之连络全通，势始集矣。

程学启之卒也，鸿章使其部将王永胜、刘士奇分领其众，与郭松林会，自福山镇进击沙山，连战破之。至三河口，斩获二万人。鸿章乃督诸军合围常州，使刘铭传击其西北，破之；郭松林攻陈桥渡大营，破之；张树声、周盛波、郑国魁等袭河边敌营廿余，皆破之。败军溃走，欲还入城，陈坤书拒之，故死城下者不可胜数。三月廿二日，李军进迫常州城，以大炮及炸药轰城，城崩数十丈，选死士数百人，梯以登。陈坤书骁悍善战，躬率悍卒出战拒之，修补缺口，官军死者数百人。鸿章愤怒，督众益治攻具，筑长围，连日猛攻，两军创巨相当。经十余日，李鸿章自督阵，刘铭传、郭松林、刘士奇、王永胜等，身先士卒，奋战登城，敌始乱。陈坤书犹不屈，与其将费天将共率悍党，叱咤巷战，松林遂力战擒坤书，天将亦为盛波所擒。铭传大呼传令，投兵器降者赦之，立降万余。官军死者亦千数。常州遂复，时四月六日也。至是江苏军（李军）与金陵军（曾军）之联络全通，江苏全省中，除金陵府城内，无一敌踪矣。

自同治元年（1862）壬戌春二月，李鸿章率八千人下上海，统领淮军、常胜军，转斗各地，大小数十战，始于松江，终于嘉兴、常州，凡两周岁，至同治三年（1864）甲子夏四月，平吴功成。

按：李鸿章平吴大业，固由淮军部将骁勇坚忍，而其得力于华尔、戈登者实多，不徒常胜军之战胜攻取而已，当时李秀成智勇绝伦，军中多用西式枪炮，程、刘、郭、周、张、潘诸将，虽善战，不过徒恃天禀之勇谋，而未晓新法之作用，故淮军初期，与敌相遇，屡为所苦。李鸿章有鉴于是，故诸将之取法常胜军，利用其器械者亦不少焉。而左宗棠平浙之功，亦得力于法国将官托格比、吉格尔之徒甚多。本朝之绝而复续，盖英法人大有功焉。彼等之意，欲藉以永保东亚和平之局，而为商务之一乐园也，而岂料其至于今日，犹不先自振，而将来尚恐不免有Great revolution[①]在其后乎。

---

① 编者注：意为"大革命"。

先是曾国荃军水陆策应，围金陵既已二稔，至甲子正月，拔钟山之石垒，敌失其险，外围始合，内外不通，粮道已绝，城中食尽。洪秀全知事不可为，于四月二十七日饮药死。诸将拥立其子洪福。当时官军尚未之觉。朝旨屡命李鸿章移江苏得胜之师助剿金陵，曾国荃以为城贼既疲，粮弹俱尽，歼灭在即，耻借鸿章之力。而李鸿章亦不愿分曾之功，深自抑退，乃托言盛暑不利用火器，固辞不肯进军。朝廷不喻鸿章之旨，再三敦促，国荃闻之，忧愤不自胜，乃自五月十八日起，日夜督将士猛攻地保城（即龙脖子，山阴之坚垒，险要第一之地也），遂拔之。更深穿地道，自五月三十至六月十五，隧道十余处皆成。乃严戒城外各营，各整战备，别悬重赏募死士，约乘缺以先登。

时李秀成在金陵，秀全死后，号令一出其手。秀成知人善任，恩威并行，人心服之，若子于父。五月十五日，秀成自率死士数百人，自太平门缺口突出；又别遣死士数百，冒官兵服式，自朝阳门突出，冲入曾营，纵火哗噪。时官军积劳疲惫，战力殆尽，骤遇此警，几于瓦解兽散，幸彭毓橘诸将率新兵驰来救之，仅乃获免。

六月十六日，正午，隧道内所装火药爆裂，万雷轰击，天地为动，城壁崩坏廿余丈。曾军将叱咤奋登，敌兵死抗，弹丸如雨，外兵立死者四百余人。众益奋发，践尸而过，遂入城。李秀成至是早决死志，以所爱骏马赠幼主洪福，使出城遁，而秀成自督兵巷战，连战三日夜，力尽被擒。敌大小将弁战死焚死者三千余人，城郭宫室连烧三日不绝。城中兵民久随洪氏者男女十余万人，无一降者。自咸丰三年（1853）癸丑秀全初据金陵，至是凡十二年始平。

　　按：李秀成真豪杰哉！当存亡危急之顷，满城上下，命在旦夕，犹能驱役健儿千数百，突围决战，几歼敌师。五月十五日之役，曾军之不亡，天也。及城已破，复能以爱马救幼主，而慷慨决死，有国亡与亡之志，虽古之大臣儒将，何以过之？项羽之乌骓不逝，文山之漆室无灵，天耶人耶？吾闻李秀成之去苏州也，苏州之民，男女老幼，莫不流涕。至其礼葬王有龄，优恤败将降卒，俨然有文明国战时公法之意焉。金陵城中十余万人，无一降者，以视田横之客五百人，其志同，其事同，而魄力之大，又百倍之矣，此有史以来战争之结局所未曾有也。使以秀成而处洪秀全之地位，则今日之域中，安知为谁家之天下耶！秀成之被擒也，自六月十七日至十九日凡三日间，在站笼中慷慨吮笔，记述数万言。虽经官军删节，不能备传，而至今读之，犹凛凛有生气焉。呜呼！刘兴骂项，成败论人，今日复谁肯为李秀成扬伟业发幽光者？百年而后，自有定评，后之良史，岂有所私？虽然，物竞天择，适者生存，曾、左、李亦人豪矣。

　　金陵克复，论功行赏。两江总督曾国藩，加太子太保衔，封世袭一等侯。浙江巡抚曾国荃，江苏巡抚李鸿章，皆封世袭一等伯，其余将帅恩赏有差。国荃之克金陵也，各方面诸将，咸嫉其功，诽谤谗言，蜂起交发，虽以左宗棠之贤，亦且不免，唯李鸿章无间言，且调护之功甚多云。

按：此亦李文忠之所以为文也。诏会剿而不欲分人功于垂成，及事定而不怀嫉妒于荐主，其德量有过人者焉，名下无虚，非苟焉已耳。

第五章　兵家之李鸿章（下）

捻乱之猖獗

李鸿章以前平捻诸将之失机

曾李平捻方略

东捻之役

西捻之役

金陵克复，兵气半销。虽然，捻乱犹在，忧未歇也。捻之起也，始于山东游民。及咸丰三年（1853），洪秀全陷安庆、金陵，安徽全省大震，捻党乘势，起于宿州、亳州、寿州、蒙县诸地，横行皖、齐、豫一带，所到掠夺，官军不能制。其有奉命督师者，辄被逆击，屡败衄，以故其势益猖。及咸丰七年（1857）冬，其游骑遂扰及直隶之大名府等地，北京戒严。

今将捻乱初起以迄李鸿章督师以前，迭次所派平捻统帅列表如下：

人	官	任官年份（公元纪年）	屯驻地
善禄	河南提督	咸丰三年（1853）	永城县
周天爵	钦差大臣	咸丰三年（1853）	宿州
吕贤基	工部左侍郎	咸丰三年（1853）	安徽
陆应榖	河南巡抚	咸丰三年（1853）	开封府
舒兴阿	陕甘总督	咸丰三年（1853）	陈州
袁甲三	钦差大臣	咸丰三年（1853）	宿州（周天爵卒，代之）
英桂	河南巡抚	咸丰四年（1854）	开封府
武隆额	安徽提督	咸丰五年（1855）	亳州
胜保	钦差大臣	咸丰七年（1857）	督江北军
史荣椿	提督	咸丰八年（1858）	曹州、兖州
田在田	总兵	咸丰八年（1858）	曹州、兖州
邱联恩	总兵	咸丰八年（1858）	鹿邑
朱连泰	总兵	咸丰八年（1858）	亳州
傅振邦	总兵	咸丰九年（1859）	宿州
伊兴额	都统	咸丰九年（1859）	宿州
关保	协领	咸丰九年（1859）	督河南军
德楞额	协领	咸丰九年（1859）	曹州
胜保	都统、钦差大臣	咸丰十年（1860）	督河南军，关保副之
穆腾阿	副都统	咸丰十年（1860）	安徽（副袁甲三）
毛昶照	团练大臣	咸丰十年（1860）	河南
僧格林沁	蒙古亲王	咸丰十年（1860）	
曾国藩	钦差大臣	同治三年（1864）	

第五章　兵家之李鸿章（下）

庚申之役，文宗北狩热河，捻党乘之，侵入山东，大掠济宁。德楞额与战，大败，始以蒙古科尔沁亲王僧格林沁督师，追蹑诸捻，号称骁勇。同治二年（1863），发党诸酋陈得才、蓝成昌、赖文光等合于捻，捻酋张宗禹、任柱、牛落江、陈大喜等各拥众数万，出没于山东、河南、安徽、湖北各州县，来往倏忽，如暴风疾雨，不可捉摸，官军疲于奔命。同治三年（1864）九月，捻党一股入湖北，大掠襄阳、随州、京山、德安、应山、黄州、蕲州等处。舒保战死，僧王之师屡溃。僧王之为人，勇悍有余，而不学无术，军令太不整肃，所至淫掠残暴，与发、捻无异，以故湖北人民大失望。

其时金陵新克复，余党合于捻者数万人，又转入河南、山东，掠城市。四年春，僧王锐意率轻骑追逐其酋，一日夜驰三百里。至曹州，部下多怨叛。四月廿五日，遂中捻首之计，大败，力战堕马死，朝廷震悼。忽以曾国藩为钦差大臣，督办直隶、山东、河南军务，而命李鸿章署理两江总督，为国藩粮运后援。

先是官军之剿捻也，唯事追蹑，劳而无功，间讲防堵，则弥缝一时耳。要之，无论为攻为守，非苟且姑息以养敌锋，则躁进无谋以钝兵力，未尝全盘打算，立一定之方略，以故劳师十五年，而无所成。自曾国藩受事以后，始画长围圈制之策，谓必蹙敌一隅，然后可以聚歼。李鸿章秉承之，遂定中原。

曾国藩，君子人也，常兢兢以持盈保泰急流勇退自策厉。金陵已复，素志已偿，便汲汲欲自引退。及僧王之亡，捻氛迫近京畿，情形危急，国藩受命于败军之际，义不容辞，遂强起就任。然以为湘军暮气渐深，恐不可用，故渐次遣撤，而唯用淮军以赴前敌。盖国藩初拜大命之始，其意欲虚此席以待李鸿章之成功，盖已久矣。及同治五年（1866）十二月，遂以疾辞，而李鸿章代为钦差大臣，国藩回江督本任，筹后路粮饷。

鸿章剿捻方略，以为捻贼已成流寇，逼之不流，然后会师合剿，乃为上策。明孙传庭谓剿流寇当驱之于必困之途，取之于垂死之日，如但一彼一此，争胜负于矢石之间，即胜亦无关于荡平。鸿章即师此意。故四年十一月，曾奏称须蹙之于山深水复之处，弃地以诱其入，然后合各省之兵力，三四面围困之。后此大功之成，实由于是。

其年五月，任柱、赖文光等大股深入山东。鸿章命潘鼎新、刘铭传尽力追蹑，欲蹙之于登莱海隅，然后在胶莱咽喉，设法扼逼，使北不得窜入畿疆，南不得蔓延淮南。六月，亲督师至济宁，相度形势，以为任、赖各股，皆百战之余，兼游兵散勇裹胁之众，狡猾剽悍，未可易视，若兵力未足兜围，而迫之过紧，画地过狭，使其窥破机关，势必急图出窜，稍纵即逝，全局又非。于是定策先防运河以杜出路，次扼胶莱以断咽喉。乃东抚丁宝桢，一意欲驱贼出境，于鸿章方面，颇多龃龉。七月，敌军突扑潍河，东省守将王心安方驻防戴庙，任敌偷渡，而胶、莱之防遂溃。是时訾谤屡起，朝廷责备綦严，有罢运防之议。鸿章复奏，以为运河东南北三面，贼氛来往窜扰，官军分路兜逐，

第五章　兵家之李鸿章（下）

地方虽受蹂躏，然受害者不过数府县之地，驱过运西，则数省流毒无穷。同是疆土，同是赤子，而未便歧视也。乃坚持前议，不少变。十月十三日，刘铭传在安邱、潍县之交，大战获胜。二十四日，追至赣榆，铭传与马步统将善庆力战，阵毙任柱，于是东捻之势大衰。

二十八日，潘鼎新海州上庄一战，毙悍贼甚伙。十一月十一二日，刘铭传、唐仁廉等在潍县寿光抄击一昼夜，敌众心携，投降遂多。郭松林、杨鼎勋、潘鼎新继之，无战不捷。至二十九日，铭传、松林、鼎勋等，蹑追七十里，至寿光弥河间，始得接仗。战至十数回合，又追杀四十余里，斩获几三万人，敌之精锐器械、骡马辎重抛尽。鸿章奏报中，谓"军士回老营者，臣亲加拊慰，皆饥惫劳苦，面无人色"云。赖文光在弥河败后，落水未死，复纠合千余骑，冲出六塘河防。黄翼升、刘秉璋、李昭庆等，水陆马步，衔尾而下，节节追剿，只剩数百骑，逼入高室水乡。鸿章先派有统带华字营淮勇之吴毓兰，在扬州运河扼守。诸军勠力，前截后追，十二月十一日，毓兰生擒文光。东捻悉平，东、苏、皖、豫、鄂五省，一律肃清。

鸿章奏捷后，附陈所属诸军剿捻以来，驰逐数省，转战终年，日行百里，忍饥耐寒，忧谗畏讥，多人生未历之苦境。刘铭传、刘秉璋、周盛波、潘鼎新、郭松林、杨鼎勋，皆迭乞开缺，请稍为休养，勿调远役。并以刘铭传积劳致病，代为请假三月。乃七年正月，西捻张宗禹大股，忽由山右渡河北窜，直逼畿辅。

京师大震。初七、初八日，叠奉寄谕饬催刘铭传、善庆等马步各营，迅赴河北进剿。鸿章以铭传疲病，正在假期，不忍遽调，乃率周盛波、盛传马步十一营，潘鼎新鼎字全军，及善庆、温德克勒西马队，陆续进发，由东阿渡河，饬郭松林、杨鼎勋整饬大队，随后继进。

西捻之役，有较东捻更难图功者，一则黄河以北，平坦千里，无高山大河以限之，张宗禹狡猾知兵，窜扰北地平原，掳马最多，飙忽往来，瞬息百里，欲设长围以困之，然地势不合，罗网难施，且彼鉴于任、赖覆辙，一闻围扎，立即死力冲出，不容官军闲暇，次第施工，此一难也。二则淮军全部，皆属南人，渡河以北，风气悬殊，南勇性情、口音，与北人均不相习，且谷食、面食，习惯不同，而马队既单，秣料又缺，此二难也。鸿章乃首请饬行坚壁清野之法，以为"前者任、赖捻股，流窜中原数省，畏墟寨甚于畏兵。豫东、淮北，民气强悍，被害已久，逐渐添筑墟寨，到处与城池相等，故捻逆一过即走，不能久停。近年惟湖北、陕西，被扰最甚，以素无墟寨，筹办不及，贼得盘旋饱掠，其势愈张。直、晋向无捻患，民气朴懦，未能筑寨自守。张宗禹本极狡猾，又系穷寇，南有黄河之阻，必致纵横驰突，无处不流，百姓惊徙蹂躏，讵有已时，可为浩叹。（中略）自古用兵，必以彼此强弱饥饱为定衡。贼未必强于官军，但彼马多而我马少，自有不相及之势；彼可随地掳粮，我须随地购粮，贼常饱而兵常饥，又有不能及之理。今欲绝贼粮，断贼马，唯有苦劝

第五章　兵家之李鸿章（下）

严谕河北绅民，赶紧坚筑墟寨，一有警信，收粮草牲畜于内，既自固其身家，兼以制贼死命"云云。西捻之平，实赖于是。

四月，奏请以刘铭传总统前敌各军，温旨敦促起行。使淮军与直、东民团，沿黄河运河，筑长墙浚壕以蹙敌。拣派各军，轮替出击，更番休息，其久追疲乏须暂休息之军，即在运河东岸择要屯驻，俟敌窜近，立起迎击，以剿为防。又派张曜、宋庆分扎夏津、高唐一带，程文炳扎陵县、吴桥一带，为运防遮护。左宗棠亦派刘松山、郭宝昌等军，自连镇北至沧州一带减河东岸分扎，与杨鼎勋等军就近策应，布置略定，然后进剿。

五月，捻股窜向西北，各军分途拦击，叠次获胜。鸿章乃趁黄河伏汛盛涨时，缩地围扎，以运河为外圈，而就恩县、夏津、高唐之马颊河，截长补短，划为里圈。逼贼西南，层层布置。五六月间，各军迭次大捷，敌势蹙衰，阵散渐多。六月十九至二十二等日，乘胜尾追，每战皆捷。二十三日，张宗禹涉水向西南逃窜。二十四日，由平原向高唐。二十五日，潘鼎新追百二十里，冒雨至高唐，敌已向博平、清平一带，图扑运河。而官军早于马颊河西北岸筑长墙数百里，足限戎马，敌方诇知，已入彀中，窜地愈狭，死期近矣。是时各军已久追疲乏，鸿章乃派刘铭传生力马军助战，军势大振。二十八日，将敌圈在徒骇、黄、运之间，铭传调集马步迎击，追剿数里，值郭松林东来马步全军，拦住去路，又兼河道分歧，水溜泥陷，刘、郭两军马队，五六千人，纵横合击，擒斩无算。张宗禹仅带数十骑北逃，旋自沉于河以死。西捻肃清，中原平。八月，李鸿章入觐京师。

　　鸿章之用兵也，谋定后动，料敌如神，故在军中十五年，未尝有所挫衄。虽曰幸运，亦岂不以人事耶？其剿发也，以区区三城之立足地，仅一岁而荡平全吴；其剿捻也，以十余年剽悍之劲敌，群帅所束手无策者，亦一岁而歼之，盖若有天授焉。其待属将也，皆以道义相交，亲爱如骨肉，故咸乐为用命，真将将之才哉！虽然，李鸿章兵事之生涯，实与曾国藩相终始，不徒荐主之感而已。其平吴也，由国藩统筹大局，肃清上流，曾军合围金陵，牵掣敌势，故能使李秀成疲于奔命，有隙可乘。其平捻也，一承国藩所定方略，而所以千里馈粮士有宿饱者，又由有良江督在其后，无狼顾之忧也。不宁惟是，鸿章随曾军数年，砥砺道义，练习兵机，盖其一生立身行己耐劳任怨坚忍不拔之精神，与其治军驭将推诚布公团结士气之方略，无一不自国藩得之。故有曾国藩然后有李鸿章。其事之父母，敬之如神明，不亦宜乎？

第六章　洋务时代之李鸿章

洋务之治绩

北洋海陆兵力

李鸿章办理洋务失败之由

"洋务"二字，不成其为名词也。虽然，名从主人，为李鸿章传，则不得不以"洋务"二字总括其中世二十余年之事业。

李鸿章所以为一世俗儒所唾骂者以洋务，其所以为一世鄙夫所趋重者亦以洋务，吾之所以重李责李而为李惜者亦以洋务。谓李鸿章不知洋务乎？中国洋务人士，吾未见有其比也。谓李鸿章真知洋务乎？何以他国以洋务兴，而吾国以洋务衰也？吾一言以断之，则李鸿章坐知有洋务，而不知有国务，以为洋人之所务者，仅于如彼云云也。今试取其平定发、捻以后，日本战事以前，所办洋务各事列表如下：

设外国语言文字学馆于上海	同治二年（1863）正月
设江南机器制造局于上海	同治四年（1865）八月
设机器局于天津	同治九年（1870）十月
筹通商日本并派员往驻	同治九年（1870）闰十二月
拟在大沽设洋式炮台	同治十年（1871）四月
挑选学生赴美国肄业	同治十一年（1872）正月
请开煤铁矿	同治十一年（1872）五月
设轮船招商局	同治十一年（1872）十一月
筹办铁甲兵船	光绪元年（1875）十一月
请遣使日本	光绪元年（1875）十一月
请设洋学局于各省，分格致、测算、舆图、火轮机器、兵法、炮法、化学、电学诸门，择通晓时务大员主之，并于考试功令稍加变通，另开洋务进取一格	光绪元年（1875）十二月
派武弁往德国学水陆军械技艺	光绪二年（1876）三月
派福建船政生出洋学习	光绪二年（1876）十一月
始购铁甲船	光绪六年（1880）二月
设水师学堂于天津	光绪六年（1880）七月
设南北洋电报	光绪六年（1880）八月
请开铁路	光绪六年（1880）十二月
设开平矿务商局	光绪七年（1881）四月
创设公司船赴英贸易	光绪七年（1881）六月
招商接办各省电报	光绪七年（1881）十一月
筑旅顺船坞	光绪八年（1882）二月
设商办织布局于上海	光绪八年（1882）四月
设武备堂于天津	光绪十一年（1885）五月
开办漠河金矿	光绪十三年（1887）十二月
北洋海军成军	光绪十四年（1888）
设医学堂于天津	光绪二十年（1894）五月

第六章　洋务时代之李鸿章

以上所列李鸿章所办洋务，略具于是矣。综其大纲，不出二端：一曰军事，如购船、购械、造船、造械、筑炮台、缮船坞等是也；二曰商务，如铁路、招商局、织布局、电报局、开平煤矿、漠河金矿等是也。其间有兴学堂、派学生游学外国之事，大率皆为兵事起见，否则以供交涉翻译之用者也。李鸿章所见西人之长技，如是而已。

海陆军事，是其生平全力所注也。盖彼以善战立功名，而其所以成功，实由与西军杂处，亲睹其器械之利，取而用之，故事定之后，深有见夫中国兵力，平内乱有余，御外侮不足，故兢兢焉以此为重。其眼光不可谓不加寻常人一等，而其心力之瘁于此者亦至矣。计中日战事以前，李鸿章手下之兵力，大略如下：

北洋海军兵力表

队别\分职	船名	船式	吨数	马力	速力	炮数	船员	进水年份
主战舰队	定远	铁甲	7335	6000	14.5	22	330	光绪八年（1882）
主战舰队	镇远	铁甲	7335	6000	14.5	22	330	光绪八年（1882）
主战舰队	经远	铁甲	2900	3000	15.5	14	202	光绪十三年（1887）
主战舰队	来远	铁甲	2900	5000	15.5	14	202	光绪十三年（1887）

续表

队别\分职	船名	船式	吨数	马力	速力	炮数	船员	进水年份
防守舰队	致远	巡洋	2300	5500	18	23	202	光绪十二年（1886）
	靖远	巡洋	2300	5500	18	23	202	光绪十二年（1886）
	济远	巡洋	2300	5500	18	23	203	光绪九年（1883）
	平远	巡洋	220	1500	14.5	11		
	超勇	巡洋	1350	2400	15	18	130	光绪七年（1881）
	扬威	巡洋	1350	2400	15.5	18	130	光绪七年（1881）
	镇东	炮船	440	350	8	5	55	光绪五年（1879）
	镇西	炮船	440	350	8	5	55	光绪五年（1879）
	镇南	炮船	440	440	8	5	55	光绪五年（1879）
	镇北	炮船	440	440	8	5	55	光绪五年（1879）
	镇中	炮船	440	750	8	5	55	光绪七年（1881）
	镇边	炮船	440	840	8	5	55	光绪七年（1881）
练习舰	康济	炮船	1300	750	9.5	11	124	光绪七年（1881）
	威远	炮船	1300	840	12	11	124	光绪三年（1877）

续表

队别＼分职	船名	船式	吨数	马力	速力	炮数	船员	进水年份
补助舰	泰安	炮船	1258	600	10	5	180	光绪二年（1876）
	镇海	炮船	950	480	9	5	100	同治十年（1871）
	操江	炮船	950	400	9	5	91	同治五年（1866）
	湄云	炮船	578	400	9	4	70	同治八年（1869）

附　水雷船

船名	船式	吨数	速力
左队一号	一等水雷	108	24
左队二号	一等水雷	108	19
左队三号	一等水雷	108	19
右队一号	一等水雷	108	18
右队二号	一等水雷	108	18
右队三号	一等水雷	108	18

直隶淮军练勇表

当中日战事时代，直隶练军淮勇二万余人，其略如下：

军队	营数	人数	将领	驻地
盛军	18	9000	卫汝贵	小站
铭军	12	4000	刘盛休	大连湾
毅军	10	4000	宋庆	旅顺口
芦防淮勇	4	2000	叶志超　聂士成	芦台北塘　山海关
仁字虎勇	5	2500	聂士成	营口
合计四十九营两万五千人之间				

李鸿章注全副精神以经营此海陆二军，自谓确有把握。光绪八年（1882），法越肇衅之时，朝议饬筹畿防，鸿章复奏，有"臣练军简器，十余年于兹，徒以经费太绌，不能尽行其志，然临敌因应，尚不至以孤注贻君父忧"等语。其所以自信者，亦可概见矣。何图一旦中日战开，艨艟楼舰，或创或痍，或以资敌，淮军练勇，屡战屡败，声名一旦扫地以尽。所余败鳞残甲，再经联军津沽一役，随罗荣光、聂士成同成灰烬。于是直隶总督北洋大臣三十年所蓄所养所布划，烟消云散，殆如昨梦。及于李之死，而其所摩抚卵翼之天津，尚未收复。呜呼！合肥合肥，吾知公之不瞑于九原也。

至其所以失败之故，由于群议之掣肘者半，由于鸿章之自取者亦半。其自取也，由于用人失当者半，由于见识不明者亦半。彼其当大功既立、功名鼎盛之时，自视甚高，觉天下事易易耳；又其裨将故吏，昔共患难，今共功名，徇其私情，转相汲引，布满要津，委以重任，不暇问其才之可用与否，以故临机偾事，贻误大局，此其一因也。又惟知练兵，而不知有兵之本原；唯知筹饷，而不知有饷之本原，故枝枝节节，终无所成，此又其一因也。下节更详论之。

李鸿章所办商务，亦无一成效可睹者，无他，官督商办一语，累之而已。中国人最长于商，若天授焉。但使国家为之制定商法，广通道路，保护利权，自能使地无弃财，人无弃力，国之富可立而待也。今每举一商务，辄为之奏请焉，为之派大臣督办焉，即使所用得人，而代大匠斫者，固未有不伤其手矣。况乃奸吏

第六章　洋务时代之李鸿章

舞文，视为利薮，凭挟狐威，把持局务，其已入股者安得不寒心，其未来者安得不裹足耶？故中国商务之不兴，虽谓李鸿章官督商办主义为之厉阶可也。

吾敢以一言武断之曰：李鸿章实不知国务之人也。不知国家之为何物，不知国家与政府有若何之关系、不知政府与人民有若何之权限，不知大臣当尽之责任。其于西国所以富强之原，茫乎未有闻焉，以为吾中国之政教文物风俗，无一不优于他国，所不及者，唯枪耳、炮耳、船耳、铁路耳、机器耳，吾但学此，而洋务之能事毕矣。此近日举国谈时务者所异口同声，而李鸿章实此一派中三十年前之先辈也。是所谓无盐效西子之颦，邯郸学步，其适形其丑，终无所得也，固宜。

虽然，李鸿章之识，固有远过于寻常人者矣。尝观其同治十一年（1872）五月复议制造轮船未可裁撤折云：

> 臣窃惟欧洲诸国，百十年来，由印度而南洋，由南洋而中国，闯入边界腹地，凡前史所未载，亘古所未通，无不款关而求互市。我皇上如天之度，概与立约通商，以牢笼之，合地球东西南朔九万里之遥，胥聚于中国，此三千余年一大变局也。西人专恃其枪炮、轮船之精利，故能横行于中土。中国向用之器械，不敌彼等，是以受制于西人。居今日而曰攘夷，曰驱逐出境，固虚妄之论，即欲保和局守疆土，亦非无具而能保守之也。（中略）士大夫囿于章句之学，而昧于数千年来一大变局，狃于目前苟安，而遂

051

忘前二三十年之何以创巨而痛深,后千百年之何以安内而制外,此停止轮船之议所由起也。臣愚以为国家诸费皆可省,惟养兵设防、练习枪炮、制造兵轮之费万不可省。求省费则必屏除一切,国无兴立,终不得强矣。

光绪元年(1875),因台湾事变筹划海防折云:

兹总理衙门陈请六条。当务之急,与日后久远之图,业经综括无遗,洵为救时要策。所未易猝办者,人才之难得,经费之难筹,畛域之难化,故习之难除。循是不改,虽日事设防,犹画饼也。然则今日所急,惟在力破成见,以求实际而已。何以言之?历代备边,多在西北,其强弱之势,主客之形,皆适相埒。且犹有中外界限。今则东南海疆万余里,各国通商传教,往来自如,麇集京师,及各省腹地,阳托和好之名,阴怀吞噬之计,一国生事,诸国构煽,实惟数千年来未有之变局。轮船、电报之速,瞬息千里;军器、机事之精,工力百倍,又为数千年来未有之强敌。外患之乘,变幻如此,而我犹欲以成法制之,譬如医者疗疾,不问何症,概投之以古方,诚未见其效也。庚申以后,夷势骎骎内向,薄海冠带之伦,莫不发愤慷慨,争言驱逐。局外之訾议,既不悉局中之艰难,及询以自强何术,御侮何能,则茫然靡所依据。臣于洋务,涉历颇久,闻见较广,于彼己长短相形之处,知之较深。而环顾当世饷、力、人才实有未逮,又多拘于成法,牵于众议,虽欲振奋而未由。《易》曰:"穷

第六章　洋务时代之李鸿章

则变，变则通。"盖不变通则战守皆不足恃，而和亦不可久也。

又云：

近时拘谨之儒，多以交涉洋务为浼人之具；取巧之士，又以引避洋务为自便之图。若非朝廷力开风气，破拘挛之故习，求制胜之实济，天下危局，终不可支，日后乏才，且有甚于今日者。以中国之大，而无自强自立之时，非惟可忧，抑亦可耻。

由此观之，则李鸿章固知今日为三千年来一大变局，固知狃于目前之不可以苟安；固尝有意于求后千百年安内制外之方，固知古方不以医新症；固知非变法维新，则战守皆不足恃；固知畛域不化、故习不除，则事无一可成；甚乃知日后乏才，且有甚于今日，以中国之大，而永无自强自立之时。其言沉痛，吾至今读之，则泪涔涔其承睫焉。夫以李鸿章之忠纯也若彼，其明察也若此，而又久居要津，柄持大权，而其成就乃有今日者，何也？则以知有兵事而不知有民政，知有外交而不知有内治，知有朝廷而不知有国民。日责人昧于大局，而己于大局，先自不明；日责人畛域难化、故习难除，而己之畛域故习，以视彼等，犹不过五十步与百步也。殊不知今日世界之竞争，不在国家而在国民；殊不知泰西诸国所以能化畛域、除故习、布新宪、致富强者，其机恒发自下而非发自上。而求其此机之何以能发，则必有一二先觉有大力者，从而导其辕而鼓其锋，风气既成，然后因而用之，未有不能济者也。李鸿章而不知此不忧此则亦已耳，亦既知之，亦既忧之，以彼之地位彼之声望，上之可以格君心以臂使百僚，下之可以造舆论以呼起全国，而惜乎李之不能也。吾故曰：李之受病，在不学无术。故曰：为时势所造之英雄，非造时势之英雄也。

虽然，事易地而殊，人易时而异。吾辈生于今日，而以此大业责李，吾知李必不任受。彼其所谓局外之訾议不知局中之艰难，言下盖有余痛焉。援《春秋》责备贤者之义，李固咎无可辞，然试问今日四万万人中，有可以 Cast the first stone① 之资格者，几何人哉？吾虽责李，而必不能为所谓拘谨之儒、取巧之士、囿于章句狃于目前者，稍宽其罪，而又决不许彼辈之随我而容喙也。要而论之，李鸿章不失为一有名之英雄，所最不幸者，以举国之大，而无所谓无名之英雄，以立乎其后，故一跃而不能起也。吾于李侯之遇，有余悲焉耳。

自此章以后，李鸿章得意之历史终，而失意之历史方始矣。

---

① 编者注：意为"首先攻击"。

第七章　中日战争时代之李鸿章

中日战事祸胎

李鸿章先事之失机

大东沟之战

平壤之战

甲午九十月以后大概情形

致败之由

李鸿章之地位及责任

中国维新之萌蘖，自中日之战生；李鸿章盖代之勋名，自中日之战没。惜哉！李鸿章以光绪十九年（1893），七十赐寿，既寿而病，病而不死，卒遇此变，祸机重叠，辗转相缠，更阅八年之至艰极险殊窘奇辱，以死于今日。彼苍者天，前之所以宠此人者何以如是其优，后之所以厄此人者何以如是其酷耶？吾泚笔至此，不禁废书而叹也。

中日之战，起于朝鲜，推原祸始，不得不谓李鸿章外交遗恨也。朝鲜本中国藩属也。初同治十一年（1872），日本与朝鲜有违言，日人遣使问于中国，盖半主之邦，其外交当由上国主之，公法然也。中国当局以畏事之故，遽答之曰："朝鲜国政，我朝素不与闻，听贵国自与理论可也。"日本遂又遣使至朝鲜，光绪元年（1875）正月，与朝王订立和约，其第一条云：日本以朝鲜为自主之国，与日本之本系自主者相平等云云。是为日本与朝鲜交涉之嚆矢。光绪五年（1879），英、美、德、法诸国，相继求互市于朝，朝人惊惶，踌躇不决。李鸿章乃以函密劝其太师李裕元，令与各国立约，其奏折谓藉此以备御俄人牵制日本云云。光绪六年（1880），驻日使臣何如璋，致书总理衙门，倡主持朝鲜外交之议，谓中国当于朝鲜设驻扎办事大臣。李鸿章谓若密为维持保护，尚觉进退绰如，倘显然代谋，在朝鲜未必尽听吾言，而各国或将惟我是问，他日势成骑虎，深恐弹丸未易脱手云云。光绪八年（1882）十月，侍读张佩纶复奏，请派大员为朝鲜通商大臣，理其外交之政。鸿章复奏，亦如前议。是则鸿章于属邦无外交之公法，知之未悉，徒贪一时之省事，假名器以畀人，是实千古之遗恨也。自兹以往，各国皆不以中国藩属待朝鲜也久矣。光绪十一年（1885），李鸿章与伊藤博文在天津订约，载明异日朝鲜有事，中日两国欲派兵往，必先互行知照。于是朝鲜又似为中日两邦公同保护之国，名实离奇，不可思议。后此两国各执一理，缪辕不清，酿成大衅，实基于是，

第七章　中日战争时代之李鸿章

而其祸本不得不谓外交遗策胎之，此为李鸿章失机第一事。

光绪二十年（1894）三月，朝鲜有东学党之乱，势颇猖獗。时袁世凯驻朝鲜，为办理商务委员。世凯者，李鸿章之私人也，屡致电李，请派兵助剿，复怂恿朝王来乞师。鸿章遂于五月初一日派海军"济远""扬威"二舰赴仁川、汉城护商，并调直隶提督叶志超带淮勇千五百人向牙山；一面遵依《天津条约》，先照会日本。日本随即派兵前往。至五月十五日，日兵到仁川者已五千。韩廷大震，请中国先行撤兵以谢日本。中国不允，乃与日本往复会商一齐撤兵之事，盖是时乱党已解散矣。日本既发重兵，有进无退，乃议与中国同干预朝鲜内政，助其变法，文牍往来，词意激昂，战机伏于眉睫间矣。

是役也，在中国之意，以为藩属有乱，卑词乞援，上国有应代靖乱之责任，故中国之派兵是也；在日本之意，则以既认朝鲜为自主，与万国平等，今中国急派兵而代平等之国靖乱，其意不可测，故日本之派兵以相抵制，亦是也。此二国者各执一说，咸曲彼而直我，皆能持之有故，言之成理焉。但其中有可疑者，当未发兵之先也，袁世凯屡电称乱党猖獗，韩廷绝不能自平，其后韩王乞救之咨文，亦袁所指使，乃何以五月初一日始发兵，而初十日已有乱党悉平之报？其时我军尚在途中，与乱党风马牛不相及，然则朝乱之无待于代剿明矣。无待代剿，而我无端发兵，安得不动日本之疑耶？故我谓曲在日本，日本不任受也。论者谓袁世凯欲借端以邀战功，故张大其词，生此波澜，而不料日本之蹑其后也。果尔，则是以一念之私，遂至毒十余万之生灵，隳数千年之国体。袁固不能辞其责，而用袁听袁者，得不谓失知人之明哉？此为李鸿章失机第二事。

日本屡议协助干预而华不从，中国屡请同时撤兵而日不允。李鸿章与总理衙门，方日冀俄、英出为调处。北京、伦敦、圣彼得堡，函电纷驰，俄、英亦托必为出力，冀获渔人之利。迁延经日，战备未具。及五月下旬，而日本之兵调到韩境者已万余人矣。平时兵力既已不能如人，而临时战备，又复着着落后，使敌尽扼要冲，主客易位，盖未交绥而胜负之数已见矣。此为李鸿章失机第三事。

三机既失，战事遂开。六月十二日，李鸿章奉廷寄筹战备。乃派总兵卫汝贵统盛军马步六营进平壤，提督马玉昆统毅军二千进义州，分起由海道至大东沟登岸，而饬叶志超军移扎平壤，皆淮军也。所派往各兵，雇英商三轮船分运，而以"济远""广丙"二兵轮卫之。廿五晨为日兵轮袭击，"济远"管带方伯谦，见敌近，惶恐匿铁甲最厚处，继遭日炮毁其舵，即高悬白旗，下悬日旗，逃回旅顺。"高升"击沉，我军死者七百余。二十七日，布告各国，饬驻日公使汪凤藻撤旗归国。二十九日，牙山失守，叶志超退回平壤，捏报胜仗，称于二十五、六、七等日，迭次歼毙倭兵五千余人，得旨赏给军士银二万两，将弁保奖者数十人焉。自兹以往，海军、淮军之威望，始渐失坠矣。

方五六月间，日本兵船麇集朝鲜，殆如梭织。而各华舰避

第七章　中日战争时代之李鸿章

匿于威海卫，逍遥河上。迨京外交章参劾，始佯遣偏师，开出口外，或三十里而止，或五十里而止，大抵启碇出口，约历五六点钟，便遽回轮，即飞电北洋大臣，称某船巡逻至某处，并无倭兵踪迹云云。种种情形，可笑可叹。八月初旬，北洋叠接军电，请济师以壮声威。遂以招商局船五艘，载运兵丁、银、米，以海军兵舰护送。凡铁甲船、巡洋舰各六艘，水雷船四艘，合队同行。中秋日，安抵鸭绿江口。五运船鼓轮直入，浅水兵船及水雷船与之偕，余舰小驻于离江十里或十六里之地。炉中之煤未熄也。十六日晨，瞭见南方黑烟缕缕，知日舰将至。海军提督丁汝昌，传令列阵作"人"字形，"镇远""定远"两铁舰为"人"字之首，"靖远""来远""怀远""经远""致远""济远""超勇""扬威""广甲""广丙"及水雷船，张"人"字之两翼，兼以号旗招鸭绿江中诸战船悉出助战。俄而，敌舰渐近，列阵作"一"字营，向华军猛扑，共十一艘，其巡洋船之速率，过于华军。转瞬间又易而为太极阵，裹"人"字于其中。华舰先开巨炮以示威，然距日船者九里，不中宜也。炮声未绝，敌船麇至，与"定远""镇远"相去恒六里许，盖畏重甲而避重炮，且华炮之力不能及，日兵之弹已可至也。与"人"字阵末二舰相逼较近，欺炮略小而甲略薄也。有顷，日舰圈入"人"字阵脚，"致远""经远""济远"三艘，皆被挖出圈外。"致远"失群后，船身叠受重伤，势将及溺，其管带邓世昌，开足汽机，向日舰飞驰，欲撞与同沉，未至而已覆溺，舟中二百五十人，同时殉难。

盖中日全役，死事者以邓君为最烈云。其同时被圈出之"经远"，船群甫离，火势陡发，管带林永升，发炮以攻敌，激水以救火，依然井井有条。遇见一日舰，似已受伤，即鼓轮追之，乃被放水雷相拒，闪避不及，遽被轰裂，死难者亦二百七十人。呜呼惨矣！至管带"济远"之方伯谦，即七月间护送"高升"至牙山，途遇日舰逃回旅顺者也。是日两阵甫交，方伯谦先挂本船已受重伤之旗，以告主将，旋因图遁之故，亦被日船划出圈外。致、经两船，与日苦战，方伯谦置而不顾，如丧家狗，遂误至水浅处，时"扬威"铁甲先已搁浅，不能转动，"济远"撞之，裂一大穴，遂以沉没。"扬威"遭此横逆，死者百五十余人。方伯谦惊骇欲绝，飞遁入旅顺口。越日，李鸿章电令缚伯谦军前正法云。同时效方伯谦者，有"广甲"一舰，逃出阵外，未知其受伤与否，然以只防后追，不顾前路，遂误撞于岛石，为日军发水雷轰碎之。阵中自"经远""致远""扬威""超勇"沉，"济远""广甲"逃，与日舰支持者仅七艘耳。是役也，日舰虽或受重伤，或遭小损，然未丧一艘，而华军之所丧盖五船矣。

海军既在大东沟被夷，陆军亦在平壤同时失事。平壤为朝鲜要镇，西、南、东三面，均有大江围绕，北面则枕崇山，城倚山崖，城东江水，绕山南迤西而去，西北隅则无山无水，为直达义州之孔道。我军叶志超、聂桂林、丰升阿、左宝贵、卫汝贵、马玉昆六将，共统勇丁三十四营，自七月中会齐此地，皆李鸿章部下也。当中国之初发兵于牙山也，副将聂士成曾建议，以为当趁日兵未入韩地之先，先以大兵渡鸭绿江，速据平壤，

第七章　中日战争时代之李鸿章

而以海军舰队扼仁川港口，使日本军舰不得逞，牙山、成欢之兵，与北洋海军，既牵制日军，然后以平壤大军南袭韩城云云。李鸿章不能用。及七月廿九日，牙山败绩，此策遂废。

虽然，日兵之入韩也，正当溽暑铄金之时，道路险恶狭隘，行军非常艰险，又沿途村里贫瘠，无从因粮。韩人素慑我威，所至供给，呼应云动，其待日兵则反是。故敌军进攻平壤之际，除干粮之外，无所得食，以一匙之盐供数日云。当此之时，我军若晓兵机，乘其劳惫，出奇兵以迎袭之，必可获胜。乃计不出此，惟取以主待客、以逸待劳之策，恃平壤堡垒之坚，谓可捍敌，此失机之大者也。李鸿章于八月十四日所下令，精神全在守局而不在战局。盖中日全役，皆为此精神所误也。

时依李鸿章之部署，马玉昆率所部毅军四营绕出江东，为犄角势。卫、丰二军十八营驻城南江岸，左军六营守北山城上，叶、聂两帅居城中。十二、三、四等日，日兵已陆续齐集平壤附近。互相挑战，彼此损伤不多。至十五日晚，敌部署已定，以右翼队陷大同江左岸桥里之炮台，更渡江以冲平壤之正面，而师团长本队为其后援，以左翼队自羊角岛下渡大同江，冲我军之右。十六日，在大同江岸与马军相遇剧战，敌军死伤颇多，炮台卒被陷。时左宝贵退守牡丹台，有七响之毛瑟枪及快炮等，鏖战颇力，敌军连发开花炮，宝贵负伤卒，兵遂大乱。午后四点半钟，叶志超急悬白旗，乞止战。是夜全师纷纷宵遁，从义州、甑山两路，为敌兵截杀，死者二千余人，平壤遂陷。

是役也，李鸿章二十余年所练之兵，以劲旅自夸者，略尽矣。

中国军备之弛，固久为外国所熟知。独淮军、奉军、正定练军等，素用洋操，鸿章所苦心经营者，故日本慑其威名，颇惮之。既战胜后，其将领犹言非始愿所及也。其所以致败之由，一由将帅阘冗非人，其甚者如卫汝贵克扣军饷，临阵先逃，如叶志超饰败为胜，欺君邀赏，以此等将才临前敌，安得不败！一由统帅六人，官职权限皆相等，无所统摄，故军势散涣，呼应不灵。盖此役为李鸿章用兵败绩之始，而淮军声名，亦从此扫地以尽矣。

久练之军，尚复尔尔，其他仓猝新募，纪律不谙，器械不备者，更何足道。自平壤败绩以后，庙算益飘摇无定，军事责任，不专在李鸿章一人，兹故不详叙之，仅列其将帅之重要者如下：

一	依克唐阿	奉天将军	满洲马队	以光绪二十年（1894）八月派为钦差大臣
二	宋庆	提督	新募军	以光绪二十年（1894）八月派总统前敌各军
三	吴大澂	湖南巡抚	湘军	以光绪二十年（1894）十二月派为帮办军务大臣
四	刘坤一	两江总督	湘军	以光绪二十年（1894）十二月派为钦差大臣

其余先后从军者，则有承恩公桂祥（慈禧太后之胞弟）、副都统秀吉之神机营马步兵；按察使陈湜、布政使魏光焘、道员李光久、总兵刘树元、编修曾广钧、总兵余虎恩、提督熊铁生等之湘军；按察使周馥、提督宗德胜等之淮军；副将吴元恺之鄂军；提督冯子材之粤勇；提督苏元春之桂勇；郡王哈咪之回兵；

第七章　中日战争时代之李鸿章

提督闪殿魁新募之京兵；提督丁槐之苗兵；侍郎王文锦、提督曹克忠奉旨团练之津胜军；某蒙员所带之蒙古兵。其间或归李鸿章节制，或归依克唐阿节制，或归宋庆节制，或归吴大澂节制，或归刘坤一节制，毫无定算，毫无统一。识者早知其无能为役矣。

九连城失，凤凰城失，金州失，大连湾失，岫岩失，海城失，旅顺口失，盖平失，营口失，登州失，荣城失，威海卫失，刘公岛失，海军提督丁汝昌，以北洋败残兵舰，降于日本，于是中国海防兵力遂尽。兹请更将李鸿章生平最注意经营之海军，重列一表，以志末路之感：

经远	铁甲船	沉	黄海
致远	钢甲船	沉	黄海
超勇	钢甲船	沉	黄海
扬威	钢甲船	火	黄海
捷顺	水雷船	夺	大连湾
失名	水雷船	沉	旅顺口外
操江	木质炮船	夺	丰岛冲
来远	铁甲船	沉	威海卫
威远	练习船	沉	威海卫
福龙	水雷船	夺	刘公岛外
靖远	钢甲船	沉	刘公岛外
定远	铁甲船	降	刘公岛中
镇远	铁甲船	降	刘公岛中
平远	铁甲船	降	刘公岛中
济远	钢甲船	降	刘公岛中
威远	木质船	降	刘公岛中

其余尚有"康济""湄云"之木质小兵船,"镇北""镇边""镇西""镇中"之四蚊子船,又水雷船五,炮船三,凡刘公岛湾内或伤或完之船,大小二十三艘,悉为日有。其中复有广东水师之"广甲""广丙""广乙"三船,或沉或降。自兹以往,而北洋海面数千里,几不复有中国之帆影轮声矣。

当中日战事之际,李鸿章以一身为万矢之的,几于身无完肤,人皆欲杀。平心论之,李鸿章诚有不能辞其咎者。其始误劝朝鲜与外国立约,昧于公法,咎一。既许立约,默认其自主,而复以兵干涉其内乱,授人口实,咎二。日本既调兵,势固有进无退,而不察先机,辄欲倚赖他国调停,致误时日,咎三。聂士成请乘日军未集之时,以兵直捣韩城以制敌,而不能用,咎四。"高升"事未起之前,丁汝昌请以北洋海军先麋敌舰,而不能用,遂令反客为主,敌坐大而我愈危,综其原因,皆由不欲衅自我开,以为外交之道应尔,而不知当甲午五六月间,中日早成敌国,而非友邦矣,误以交邻之道施诸兵机,咎五。鸿章将自解曰:"量我兵力不足以敌日本,故惮于发难也。"虽然,身任北洋,整军经武二十年,何以不能一战?咎六。彼又将自解曰:"政府掣肘,经费不足也。"虽然,此不过不能扩充已耳,何以其所现有者,如叶志超、卫汝贵诸军,素以久练著名,亦脆弱乃尔,且克减口粮盗掠民妇之事,时有所闻,乃并纪律而无之也?咎七。枪或苦窳,弹或赝物,弹不对枪,药不随械,谓从前管军械局之人皆廉明,谁能信?咎八。平壤之役,军无统帅,此兵家所忌,李乃蹈之,咎九。始终坐待敌攻,致于人而不能致

第七章　中日战争时代之李鸿章

人，畏敌如虎，咎十。海军不知用快船快炮，咎十一。旅顺天险，西人谓以数百兵守之，粮食苟足，三年不能破，乃委之于所亲昵阘冗悾怯之人，闻风先遁，咎十二。此皆可以为李鸿章罪者。若夫甲午九、十月以后，则群盲狂吠，筑室道谋，号令不出自一人，则责备自不得归于一点。若尽以为李鸿章咎，李固不任受也。

又岂惟不任受而已，吾见彼责李罪李者，其可责可罪，更倍蓰于李而未有已也。是役将帅无一人不辱国，不待言矣。然比较于百步、五十步之间，则海军优于陆军，李鸿章部下之陆军，又较优于他军也。海军大东沟一役，彼此鏖战五点余钟，西人观战者咸啧啧称赞焉。虽其中有如方伯谦之败类（或谓伯谦实为救火保船，海军兵机当尔云），然余船之力斗者，固可以相偿，即敌军亦起敬也。故日本是役，唯海军有敌手，而陆军无敌手。及刘公岛一役，食尽援绝，降敌以全生灵，殉身以全大节，盖前后死难者，邓世昌、林泰曾、丁汝昌、刘步蟾、张文宣，虽其死所不同，而咸有男儿之概，君子愍之。诸人者皆北洋海军最要之人物也，以视陆军之全无心肝者何如也？陆军不忍道矣。然平壤之役，犹有左宝贵、马玉昆等一二日之剧战，是李鸿章部下之人也，敌军死伤相当云。其后欲恢复金州、海城、凤凰城等处，及防御盖平，前后几度，皆曾有与日本苦战之事，虽不能就，然固已尽力矣，主之者实宋庆，亦李鸿章旧部也。是固不足以偿叶志超、卫汝贵、黄仕林、赵怀业、龚照玙等之罪乎。虽然，以比诸吴大澂之出劝降告示，未交锋而全军崩溃者何如？

以视刘坤一之奉命专征,逗留数月不发者何如?是故,谓中国全国军族皆腐败可也,徒归罪于李鸿章之淮军不可也。而当时盈廷虚骄之气,若以为一杀李鸿章,则万事皆了,而彼峨冠博带、指天画地者,遂可以气吞东海,舌撼三山,盖湘人之气焰尤咻咻焉。此用湘军之议所由起也。乃观其结局,岂惟无以过淮军而已,又更甚焉。嘻!可以愧矣。吾之为此言,非欲为淮军与李鸿章作冤词也。吾于中日之役,固一毫不能为李淮恕也,然特患夫虚骄嚣张之徒,毫无责任,而立于他人之背后,摭其短长以为快谈,而迄未尝思所以易彼之道,盖此辈实亡国之利器也。李固可责,而彼辈又岂能责李之人哉?

是役也,李鸿章之失机者固多,即不失机,而亦必无可以幸胜之理。盖十九世纪下半叶以来,各国之战争,其胜负皆可于未战前决之。何也?世运愈进于文明,则优胜劣败之公例愈确定。实力之所在,即胜利之所在,有丝毫不能假借者焉。无论政治、学术、商务,莫不皆然,而兵事其一端也。日本三十年来,刻意经营,上下一心,以成此节制敢死之劲旅,孤注一掷以向于我,岂无所自信而敢乃尔耶?故及其败然后知其所以败之由,是愚人也;乃或及其败而犹不知其致败之由,是死人也。然则徒罪李鸿章一人,呜呼可哉?

西报有论者曰:"日本非与中国战,实与李鸿章一人战耳。"其言虽稍过,然亦近之。不见乎各省大吏,徒知画疆自守,视此事若专为直隶、满洲之私事者然,其有筹一饷出一旅以相急难者乎？即有之，亦空言而已。乃至最可笑者，刘公岛降舰之役，当事者致书日军，求放还"广丙"一船，书中谓此舰系属广东，此次战役，与广东无涉云云。各国闻者，莫不笑之，而不知此语实代表各省疆臣之思想者也。若是乎，日本果真与李鸿章一人战也。以一人而战一国，合肥合肥，虽败亦豪哉！

自是而李鸿章兵事上之声誉终，而外交上之困难起。

第八章　外交家之李鸿章（上）

天津教案

法越之役

中日天津条约

议和日本

停战条约及遇刺

中日和约及其功罪

　　李鸿章之负重望于外国也以外交，李鸿章之负重谤于中国也亦以外交。要之李鸿章之生涯，半属外交之生涯也。欲断定其功罪，不可不以外交为最大之公案。故于此事特留意焉。

　　李鸿章办外交，以天津教案为首。时值发、捻初平，内忧甫弭，无端而有津民戕教焚法国领事馆之事起［同治九年（1870）］。法人藉端要挟，联英、美以迫政府，其欲甚奢。曾国藩方任直隶总督，深察此事之曲在我，而列国蹊田夺牛手

第八章　外交家之李鸿章（上）

段，又非可以颟顸对付也。乃曲意弥缝，镇压津民，正法八人，议罪二十余人。而法人之心犹未厌，必欲重索赔款，且将天津知府、知县置诸重典。国藩外之应付西人，已极竭蹶，而内之又为京师顽固党所掊击，呼为卖国贼（京师湖广会馆将国藩匾落拔除摧烧，即此时也），白简纷纭，举国欲杀。于是通商大臣崇厚，恐事决裂，请免国藩而以鸿章代之。明诏敦促赴任，是为李鸿章当外交冲要之滥觞，实同治九年（1870）八月也。

彼时之李鸿章，殆天之骄子乎，顺风张帆，一日千里，天若别设一位置以为其功名之地。当其甫受任留直隶也，普法之战顿起，法人仓皇自救，不复他及，而欧美各国亦复奔走相顾，且汗且喘，以研究西方之大问题，而此东方小问题，几莫或措意。于是天津教案，遂销沉于若有若无之间。中国当时之人，无一知有世界大局者，以普法一役如此惊天动地之大事，固咸熟视无睹，以为是李鸿章之声望韬略，过于曾国藩万万也。于是鸿章之身价顿增。

天津教案以后，日本战事以前，李鸿章所办交涉事件以十数，而其关系最重者，为法国安南之役、日本朝鲜之役。光绪八年（1882），法国有事于安南，眈眈逐逐，思大有所逞。与中国既定约，而复借端毁弃之。于是中法战事开。法水师提督格鲁比，预定战略，其海军先夺海南，次踞台湾，直捣福州，歼我舰队；其陆军则自越之东京，出略云南、贵州，如是，则水陆两者必大有所获，将来东方权力，可以与英国争衡。于是格鲁比一面电达本国，请给军需并增派军队，一面乘福州之无备，轰我船厂，坏我兵船，一面以陆军迫东京。当时南方之天地，大有风云惨淡之观。李鸿章乃行伐谋伐交之策，思嗾英、德以牵制法人。时曾纪泽方充英使，受命办此事。虽未能成，而法政府因之有所顾忌，增兵筹饷之案，在议院否决。格鲁比时方攻台湾之淡水不能下，安南之陆兵，又为黑旗军所持，不得行其志，忽接此案否决之报，大愤几死。法人乃先请和于我。李鸿章此役以后，其外交手段，始为欧人所注视矣。

当法事之方殷也，朝鲜京城又有袭击日本使馆之事，盖华兵、韩兵皆预有谋焉。朝鲜之为藩属为自主，久已抗议于中日两国间。缪辕未定，日本乘我多事之际，派伊藤博文来津交涉。乃方到而法人和局已就，李鸿章本有一种自大之气，今见虎狼之法，尚且帖耳就范，蕞尔日本，其何能为？故于伊藤之来也，傲然以临之。彼伊藤于张、邵议和之时，私语伍廷芳，谓前在天津见李中堂之尊严，至今思之犹悸，盖得意时泄宿憾之言也。伊藤此行，亦不能得志，仅约他日朝鲜有事，甲国派兵往，须先照会乙国而已，所谓《天津条约》者是也。虽然，此约竟为后此中日开衅之引线矣。

李鸿章对朝鲜之外交，种种失策，前章已言之矣。然因此之故，《天津条约》遂至变为《马关条约》。呜呼！庄生有言："其作始也简，其将毕也巨。"善弈者每于至闲之着，断断不肯放过。后有当此局者，可无慎欤？战事至甲午之冬，中国舍求和外，更无长策。正月，乃派张荫桓、邵友濂讲和于日本。日本以其人微言轻也，拒不纳。乃更派李鸿章。二月遂行，随

第八章　外交家之李鸿章（上）

带参赞李经方等，以二十四日抵马关，与日本全权大臣伊藤博文、陆奥宗光开议。翌日首议停战条件，日本首提议以大沽、天津、山海关三处为质，辩论移时，不肯少让，乃更议暂搁停战之议，即便议和。伊藤言："既若尔，则须将停战之节略撤回，以后不许再提及。"彼此磋磨未决。及二十八日，第三次会议，归途中，突遇刺客，以枪击鸿章，中左颧，枪子深入左目下，一晕几绝。日官闻警来问状者络绎不绝，伊藤、陆奥亦躬诣慰问，谢罪甚恭，忧形于色。日皇及举国臣民，同深震悼，遂允将中国前提出之停战节略画押。口舌所不能争者，藉一枪子之伤而得之。于是议和前一节，略有端绪。当遇刺之初，日皇遣御医、军医来视疾，众医皆谓取出枪子，创乃可瘳，但须静养多日，不劳心力云。鸿章慨然曰："国步艰难，和局之成，刻不容缓，予焉能延宕以误国乎？"宁死无割。刺之明日，或见血满袍服，言曰："此血所以报国也。"鸿章潸然曰："舍予命而有益于国，亦所不辞。"其慷慨忠愤之气，君子敬之。

遇刺后得旨慰劳，并派李经方为全权大臣，而李鸿章实一切自行裁断，虽创剧偃卧，犹口授事机，群医苦之。三月初七日，伊藤等将所拟和约底稿交来。十一日，李备复文，将原约综其大纲，分四款：一朝鲜自主，二让地，三兵费，四通商权利。除第一朝鲜自主外，余皆极力驳议。十五日，复另拟一约底送去，即拟请赔兵费一万万两，割奉天南四厅县地方等，日本亦条条驳斥。十六日，伊藤等又备一改定约稿寄来，较前稍轻减，即《马关条约》之大概也。是日鸿章创已愈，复至春帆楼与日本全权大臣面议。刻意磋磨，毫无让步。惟有声明若能于三年内还清偿款，则一律免息，及威海卫驻兵费，减一半耳。今将其条约全文列下：

　　大日本帝国大皇帝陛下，及大清帝国大皇帝陛下，为订定和约，俾两国及其臣民，重修平和，共享幸福，且杜绝将来纷纭之端，大日本帝国大皇帝陛下，特简大日本帝国全权办理大臣、内阁总理大臣、从二位勋、一等伯爵伊藤博文，大日本帝国全权办理大臣、外务大臣、从二位勋、一等子爵陆奥宗光；大清帝国大皇帝陛下，特简大清帝国钦差头等全权大臣、太子太傅、文华殿大学士、北洋通商大臣、直隶总督、一等肃毅伯爵李鸿章，大清帝国钦差全权大臣、二品顶戴、前出使大臣李经方，为全权大臣，彼此较阅所奉谕旨，认明均属妥实无阙，会同议定各条款，开列于左：

　　第一款　中国认明朝鲜国确为完全无缺之独立自主，故凡有亏损独立自主体制，即如该国向中国所修贡献典礼等，嗣后全行废绝。

　　第二款　中国将管理下开地方之权，并将该地方所有堡垒、军器工厂及一切属公物件，永远让与日本。一、下开划界以内之奉天省南边地方，从鸭绿江口，溯该江以抵安平河口，又从该河口，划至凤凰城、海城及营口而止。画成折线以南地方，所有前开各城市邑，皆包括在划界线内。

第八章 外交家之李鸿章（上）

该线抵营口之辽河后，即顺流至海口止。彼此以河中心为分界。辽东湾东岸，及黄海北岸，在奉天所属诸岛屿，亦一并在所让界内。二、台湾全岛，及所有附属各岛屿。三、澎湖列岛，即英国格林尼次东经百十九度起，至百二十度止，及北纬二十三度起，至二十四度之间诸岛屿。

第三款 前款所载，及黏附本约之地图所划疆界，俟本约批准互换之后，两国应各选派官员二名以上，为公同划定疆界委员，就地踏勘，确定划界。若遇本约所订疆界，于地形或治理所关，有碍难不便等情，各该委员等，当妥为参酌更定。各该委员等，当从速办理界务，以期奉委之后，限一年竣事。但遇各该委员等，有所更定划界，两国政府，未经认准以前，应据本约所定划界为正。

第四款 中国约将库平银二万万两，交与日本，作为赔偿军费。该款分作八次交完，第一次五千万两，应在本约批准互换后六个月内交清；第二次五千万两，应在本约批准互换后十二个月内交清；余款平分六次，递年交纳，其法列下：第一次平分递年之款，于两年内交清，第二次于三年内交清，第三次于四年内交清，第四次于五年内交清，第五次于六年内交清，第六次于七年内交清。其年份均以本约批准互换之后起算。又第一次赔款交清后，未经交完之款，应按年加每百抽五之息。但无论何时，将应赔之款，或全数，或几分，先期交清，均听中国之便。如从条约批准互换之日起，三年之内，能全数清还，除将已付利息，

073

或两年半，或不及两年半，于应付本银扣还外，余仍全数免息。

第五款　本约批准互换之后，限二年之内，日本准中国让与地方人民，愿迁居让与地方之外者，任便变卖所有产业，退去界外。但限满之后，尚未迁徙者，均宜视为日本臣民。又台湾一省，应于本约批准互换后，两国立即各派大员至台湾，限于本约批准互换后两个月内交接清楚。

第六款　日中两国所有约章，因此次失和，自属废绝。中国约俟本约批准互换之后，速派全权大臣，与日本所派全权大臣，会同订立通商行船条约，及陆路通商章程。其两国新订约章，应以中国与泰西各国现行约章为本。又本约批准互换之日起，新订约章未经实行之前，所有日本政府官吏臣民，及商业工艺行船船只，陆路通商等，与中国最为优待之国，礼遇护视，一律无异。中国约将下开让与各款，从两国全权大臣画押盖印日起，六个月后，方可照办。

第一，现今中国已开通商口岸之外，应准添设下开各处，立为通商口岸，以便日本臣民，往来侨寓，从事商业、工艺制作。所有添设口岸，均照向开通商海口，或向开内地镇市章程，一体办理。应得优例及利益等，亦当一律享受。一、湖北省荆州府沙市；二、四川省重庆府；三、江苏省苏州府；四、浙江省杭州府。日本政府，得派遣领事官于前开各口驻扎。第二，日本轮船，得驶入下开各口，附搭行客，装运货物。一、从湖北省宜昌溯长江以至四川省重庆府；二、从上海驶进吴淞江及运河，以至苏州府、杭州府。日中两国，未经商定行船章程以前，上开各口行船，务依外国船只驶入中国内地水路，现行章程照行。第三，日本臣民在中国内地，购买经工货件，若自生之物，或将进口商货运往内地之时，欲暂行存栈，除毋庸输纳税钞，派征一切诸费外，得暂租栈房存货。第四，日本臣民，得在中国通商口岸城邑，任便从事各项工艺制造，又得将各项机器，任便装运进口，只交所订进口税。日本臣民，在中国制造一切货物，其于内地运送税、内地税、钞课杂派，以及在中国内地，沾及寄存栈房之益，即照日本臣民运入中国之货物，一体办理。至应享优例豁除，亦莫不相同。嗣后如有因以上加让之事，应增章程规条，即载入本款所称之行船通商条约内。

第七款 日本军队现驻中国境内者，应于本约批准互换之后三个月内撤回，但须照次款所定办理。

第八款 中国为保明认真实行约内所订条款，听允日本军队，暂行占守山东省威海卫。又于中国将本约所订第一、第二两次赔款交清，通商行船约章，亦经批准互换之后，中国政府与日本政府，确定周全妥善办法，将通商口岸关税，作为剩款并息之抵押，日本可允撤回军队。倘中国政府不即确定抵押办法，则未经交清末次赔款之前，日本应不允撤回军队。但通商行船约章，未经批准互换以前，虽交清赔款，日本仍不撤回军队。

第九款　本约批准互换之后，两国应将是时所有俘虏，尽数交还。中国约将由日本所还俘虏，并不加以虐待，若或置于罪戾。中国约将认为军事间谍，或被嫌逮系之日本臣民，即行释放。并约此次交仗之间，所有关涉日本军队之中国臣民，概予宽贷，并饬有司不得擅为逮系。

第十款　本约批准互换日起，应按兵息战。

第十一款　本约奉大日本帝国大皇帝陛下，及大清帝国大皇帝陛下，批准之后，定于明治二十八年五月初八日，即光绪二十一年（1895）四月十四日，在烟台互换。

观李鸿章此次议和情状，殆如春秋齐国佐之使于晋，1870年法爹亚士之使于普。当戎马压境之际，为忍气吞声之言，旁观犹为酸心，况鸿章身历其境者。回视十年前天津定约时之意气，殆如昨梦。嗟乎！应龙入井，蝼蚁困人，老骥在枥，驽骀目笑，天下气短之事，孰有过此者耶？当此之际，虽有苏张之辩，无所用其谋；虽有贲育之力，无所用其勇。舍卑词乞怜之外，更有何术？或者以和议之速成为李鸿章功，固非也，虽无鸿章，日本亦未有不和者也。而或者因是而丛诟于李之一身，以为是秦桧也，张邦昌也，则盍思使彼辈处李之地位，其结局又将何如矣？要之，李之此役，无功焉，亦无罪焉。其外交手段，亦复英雄无用武之地。平心论之，则李之误国，在前章所列失机之十二事，而此和议，不过其十二事之结果，毋庸置论者也。

第九章　外交家之李鸿章（下）

三国代索辽东

中俄密约

李鸿章历聘欧洲

任外交官时代

胶州之役

旅顺大连威海广州湾九龙之役

李鸿章出总署

十九世纪之末，有中东一役，犹十八世纪之末，有法国革命也。法国革命开出十九世纪之欧罗巴。中东一役，开出二十世纪之亚细亚。譬犹红日将出，鸡乃先鸣，风雨欲来，月乃先晕，有识者所能预知也。当中日未战以前，欧人与华人之关系，不过传教通商二事。及战后数年间，而其关系之紧密，视前者骤增数倍。至今日，则中国之一举一动，皆如与欧人同体相属，欲分而不能分矣。此其故由于内治之失政者半，由于外交之无谋者亦半。君子读十年来中外交涉史，不禁反面掩袖涕涔涔下也。

战事之前，中国先求调停于英俄，此实导人以干涉之渐也。其时日人屡言东方之事，愿我东方两国自了之，无为使他国参于其间。顾我政府蓄愤已甚，不能受也，惟欲嗾欧人以力胁日本。俄使回言："俄必出力，然今尚非其时。"盖其处心积虑，相机以逞，固早有成算矣。乙未三月，李鸿章将使日本，先有所商于各国公使。俄使喀希尼曰："吾俄能以大力拒日本，保全中国疆土，惟中国必须以军防上及铁路交通上之利便以为报酬。"李乃与喀希尼私相约束，盖在俄使馆密议者数日夜云。欧力东渐之机，盖伏于是。

当时中国人欲借欧力以拒日者，不独李鸿章而已，他人殆有甚焉。张之洞时署江督，电奏争和议曰："若以赂倭者转而赂俄，所失不及其半，即可转败为胜。恳请饬总署及出使大臣，与俄国商订密约，如肯助我攻倭，胁倭尽废全约，即酌量划分新疆之地以酬之，许以推广商务。如英肯助我，报酬亦同"云云。当时所谓外交家者，其眼光手段，大率类是，可叹。

马关定约，未及一月，而俄国遂有与德、法合议逼日本还我辽东之事。俄人代我取辽，非为我计，自为计也。彼其视此地为己之势力范围，匪伊朝夕，故决不欲令日本得鼾睡于其卧榻之侧也。故使我以三十兆两代彼购还辽东于日本之手，先市大恩于我，然后徐收其成。俄人外交手段之巧，真不可思议。

第九章　外交家之李鸿章（下）

而李鸿章一生误国之咎，盖未有大于是者。李鸿章外交之历史，实失败之历史也。

还辽事毕，喀希尼即欲将前此与李私约者，提出作为公文，以要求于总署。值物议沸腾，皇上大怒，鸿章罢职，入阁闲居，于是暂缓其请，以待时机。丙申春间，有俄皇加冕之事，各国皆派头等公使往贺。中国亦循例派遣，以王之春尝充唁使，故贺使即便派之。喀希尼乃抗言曰："皇帝加冕，俄国最重之礼也，故从事斯役者，必国中最著名之人，有声誉于列国者方可。王之春人微言轻，不足当此责。可胜任者，独李中堂耳。"于是乃改派李为头等公使。喀希尼复一面贿通太后，甘诱威迫，谓还辽之义举，必须报酬，请假李鸿章以全权议论此事。而李鸿章请训时，太后召见，至半日之久，一切联俄密谋，遂以大定。

李鸿章抵俄京圣彼得堡，遂与俄政府开议喀希尼所拟草约底稿。及加冕之期已近，往俄旧都墨斯科，遂将议定书画押。当其开议也，俄人避外国之注目，不与外务大臣开议，而使户部大臣当其冲。遂于煌煌巨典万宾齐集之时，行明修栈道暗度陈仓之计。而此关系地球全局之事，遂不数日而取决于樽俎之间矣。俄人外交手段之剽悍迅疾，真可羡可畏哉。时丙申四月也。

密约之事，其办订极为秘密，自中俄两国当事之数人外，几乎无一知者。乃上海《字林西报》，竟于李鸿章历聘未归之时，得其密约原文，译录以登报上，盖闻以重金购之于内监云。其全文如下：

大清国大皇帝前于中日肇衅之后，因奉大俄罗斯国大皇帝仗义各节，并愿将两国边疆及通商等事，于两国互有益者，商定妥协，以固格外和好，是以特派大清国钦命督办军务处王大臣为全权大臣，会同大俄罗斯国钦差出使中国全权大臣一等伯爵喀，在北京商定，将中国之东三省火车道接连俄国西鄙里亚省之火车道，以冀两国通商往来迅速，沿海边防坚固，并议专条以答代索辽东等处之义。

第一条 近因俄国之西鄙里亚火车道竣工在即，中国允准俄国将该火车道一由俄国海参崴埠续造至中国吉林珲春城，又向西北续至吉林省城止；一由俄国境某城之火车站续造至中国黑龙江之瑷珲城，又向西北续至齐齐哈尔省城，又至吉林伯都讷地方，又向东南续造至吉林省城止。

第二条 凡续造进中国境内黑龙江及吉林各火车道，均由俄国自行筹备资本，其车道一切章程，亦均依俄国火车章程，中国不得与闻。至其管理之权，亦暂行均归俄国。以三十年为期。过期后，准由中国筹备资本估价将该火车道并一切火车机器厂房屋等赎回。惟如何赎法，容后再行妥酌。

第三条 中国现有火车路，拟自山海关续造至奉天盛京城，由盛京接续至吉林。倘中国日后不便即时造此铁路者，准由俄国备资由吉林城代造，以十年为期赎回。至铁路应由何路起造，均照中国已勘定之道接续至盛京并牛庄等处地方止。

第四条 中国所拟续造之火车道，自奉天至山海关、至牛庄、至盖平、至金州、至旅顺口以及至大连湾等处地方，均应仿照俄国火车道，以期中俄彼此来往通商之便。

第五条 以上俄国自造之火车道所经各地方，应得中国文武官员照常保护，并应优待火车道各站之俄国文武各官，以及一切工匠人等。惟由该火车道所经之地，大半荒僻，犹恐中国官员不能随时保护周详，应准俄国专派马步各兵数队驻扎各要站，以期妥护商务。

第六条 自造成各火车道后，两国彼此运进之货，其纳税章程，均准同治元年（1862）二月初四日中俄陆路通商条约完纳。

第七条 黑龙江及吉林长白山等处地方所产五金之矿，向有禁例，不准开挖。自此约定后，准俄国以及本国商民随时开采，唯须应先行禀报中国地方官具领护照，并按中国内地矿务条程，方准开挖。

第八条 东三省虽有练军，惟大半军营仍系照古制办理。倘日后中国欲将各省全行改仿西法，准向俄国借请熟悉营务之武员来中国整顿一切，其章程则与两江所请德国武员条程办理无异。

第九条 俄国向来在亚细亚洲无周年不冻之海口，一时该洲若有军务，俄国东海以及太平洋水师，诸多不便，不得随时驶行。今中国因鉴于此，是以情愿将山东省之胶州地方暂行租与俄国，以十五年为限。其俄国所造之营房、栈房、机器厂、船坞等类，准中国于期满后估价备资买入。但如无军务之危，俄国不得即时屯兵据要，以免他国嫌疑。其赁租之款，应得如何办理，日后另有附条酌议。

第十条 辽东之旅顺口以及大连湾等处地方，原系险要之处，中国极应速为整顿各事，以及修理各炮台等诸要务，以备不虞。既立此约，则俄国允准将此二处相为保护，不准他国侵犯。中国则允准将来永不能让与他国占踞。惟日后如俄国忽有军务，中国准将旅顺口及大连湾等地方，暂行让与俄国水陆军营泊屯于此，以期俄军攻守之便。

第十一条 旅顺口、大连湾等处地方，若俄国无军务之危，则中国自行管理，与俄国无涉。惟东三省火车道，以及开挖五金矿诸务，准于换约后即时便宜施行。俄国文武官员以及商民人等所到之处，中国官员理应格外优待保护，不得阻滞其游历各处地方。

第十二条 此约奉两国御笔批准后，各将条约照行。除旅顺口、大连湾及胶州诸款外，全行晓谕各地方官遵照。将来换约，应在何处，再行酌议。自画押之日起，以六个月为期。

《中俄密约》以前为一局面，《中俄密约》以后为一局面。盖近年以来，列国之所以取中国者，全属新法：一曰借租地方也，二曰某地不许让于他国也，三曰代造铁路也，而其端皆自此密约启之。其第九条借租胶州湾，即后此胶、威、广、旅、

第九章　外交家之李鸿章（下）

大之嚆矢也。其第十条旅顺、大连不许让于他人，即各国势力范围之滥觞也。而铁路一端，断送祖宗发祥之地，速西伯利亚大路之成，开各国觊觎纷争之渐者，固无论矣。呜呼！牵一发，动全身，合九州，铸大错，吾于此举，不能为李鸿章恕焉矣。

或曰，此约由太后主之，督办军务处王大臣赞之，非鸿章本意云。虽然，墨斯科草约，定于谁氏之手乎？此固万无能为讳者也！自此约原文既登报章后，各国报馆，电书纷驰，疑信参半，无论政府、民间，莫不惊心动色。鸿章游历欧洲时，各国交相诘问，惟一味支吾搪塞而已。其年七月，墨斯科画押之草约，达北京。喀希尼直持之以与总署交涉。皇上与总署，皆不知有此事，愕怒异常，坚不肯允。喀希尼复贿通太后，甘言法语，诱胁万端。太后乃严责皇上，直命交督办军务处速办，不经由总理衙门。西历九月三十日，皇上挥泪批准密约。

李鸿章之贺俄加冕也，兼历聘欧洲，皆不过交际之常仪，若其有关于交涉者，则定密约与议增税两事而已。中国旧税则，凡进口货物，值百抽五。此次以赔款之故，欲增至值百抽七五。首商诸俄国。俄允之。次商诸德、法，德、法云待英国取进止。既至英，与宰相沙士勃雷提议。其时英与中国之感情甚冷落，且以《中俄密约》之故，深有疑于李鸿章，沙氏乃托言待商诸上海各处商人，辞焉。此事遂无所成。

李之历聘也，各国待之有加礼，德人尤甚，盖以为此行必将大购船炮枪弹，与夫种种通商之大利，皆于是乎在。及李之去，一无所购，欧人盖大失望云。李之至德也，访俾斯麦，其至英也，访格兰斯顿，咸相见甚欢，皆十九世纪世界之巨人也。八月，鸿章自美洲归国。九月十八日，奉旨在总理各国事务衙门行走。自兹以讫光绪廿四年（1898）戊戌七月，实为李鸿章专任外交时代。而此时代中，则德据胶州，俄据旅顺口、大连湾，英据威海卫、九龙，法据广州湾，实中国外交最多事、最危险之时代也。

还辽之役，倡之者俄，而赞之者德、法也。俄人既结密约，得绝大无限之权利于北方，踌躇满志。法人亦于光绪廿二年（1896）春夏间，得滇、缅、越间之瓯脱地，又得广西镇南关至龙州之铁路，惟德国则寂寂未有所闻。廿三年春，德使向总理衙门索福建之金门岛，峻拒不许，至十月而胶州之事起。

是役也，德国之横逆无道，人人共见。虽然，中国外交官，固有不得辞其咎者。夫始而无所倚赖于人，则亦已耳，既有倚赖，则固不得不酬之。能一切不酬则亦已矣，既酬甲酬乙，则丙亦宜有以酬之。三国还辽，而惟德向隅，安有不激其愤而速其变者？不特此也，《中俄密约》中声明将胶州湾借与俄人，是俄人所得权利，不徒在东三省而直侵入山东也。方今列国竞争优胜劣败之时，他国能无妒之？是德国所以出此横逆无道之举者，亦中国有以逼之使然也。岁十月，曹州教案起，德教士被害者二人。德人闻报，即日以兵船闯进胶州湾，拔华帜，树德帜，总兵章高元掳焉。警报达总署，与德使开议。德使海靖唯威吓恐吓，所有哀乞婉商者，一切拒绝。欲乞援于他国，无一仗义责言，为我讼直者。迁延至两月有余，乃将所要挟六事，忍气吞声，一一允许，即将胶、澳附近方百里之地，租与德国九十九年，山东全省铁路矿务，归德国承办等事，是也。

胶事方了，旋有一重大之波澜起焉。初李鸿章之定《马关条约》也，约以三年内若能清还，则一概免息，而前者所纳之息，亦以还我，又可省威海卫戍兵四年之费，共节省得银二千三百二十五万两。至是三年之期限将满，政府欲了此公案，议续借款于外国。廿三年十一月，俄人议承借此项，而求在北方诸省设铁路，及罢斥总税务司赫德二事。英人闻之，立与对抗，亦欲承借此款，利息较轻，而所要求者：一、监督中国财政；二、自缅甸通铁路于扬子江畔；三、扬子江一带不许让与他国；四、开大连湾为通商口岸；五、推广内地商务；六、各通商口岸皆免厘金。时总理衙门欲诺之，俄法两国忽大反对，谓若借英国款，是破列国均势之局也，日以强暴之言胁总署，总署之人，不胜其苦。正月，乃回绝各国，一概不借，而与日本商议，欲延期二十年摊还，冀稍纾此急难。不意日本竟不允许。当此之时，山穷水尽，进退无路，乃以赫德之周旋，借汇丰银行、德华银行款一千六百万磅，吃亏甚重，仅了此局。

胶州湾本为《中俄密约》圈内之地，今德国忽攫诸其怀而夺之，俄人之愤愤，既已甚矣，又遇有英德阻俄借款一事，俄人暴怒益烈。于是光绪廿四年（1898）正二月间，俄国索旅顺、大连湾之事起。李鸿章为亲订密约之人，欲辩无可辩，欲诿无可诿，卒乃与俄使巴布罗福新结一约：将旅顺口、大连湾两处及邻近相连之海面，租与俄国，以二十五年为期，并准俄人筑铁路从营口、鸭绿江中间，接至滨海方便之处。

俄人既据旅顺、大连，英国籍口于均势之局，遂索威海卫。时日本之赔款方清，戍兵方退，英人援俄例借租此港，二十五年为期，其条约一依旅顺、大连故事。时李鸿章与英使反复辩难，英使斥之曰："君但诉诸俄使，勿诉诸我。俄使干休，我立干休。"李无词以对焉，狼狈之情，可悯可叹。所承其半点哀怜者，惟约他日中国若重兴海军，可借威海卫泊船之一事而已。

至是而中国割地之举，殆如司空见惯浑闲事矣。当俄、法与英为借款事冲突也，法人借俄之力，要求广州湾，将以在南方为海军根据地。其时英国方迫我政府开西江一带通商口岸，将以垄断利权，法人见事急，乃效德国故智，竟闯入广州湾，而后议借租之，以九十九年为期。中国无拒之力，遂允所请。

英国又援均势之说，请租借九龙以相抵制，其期亦九十九年。定议画押之前一日，李鸿章与英使窦纳乐抗论激烈，李曰："虽租九龙，不得筑炮台于其山上。"英使愤然拍案曰："无多言！我国之请此地，为贵国让广州湾于法以危我香港也！若公能废广州湾之约，则我之议亦立刻撤回。"鸿章吞声饮泪而已。实光绪廿四年（1898）四月十七日也。

至五月间，尚有英俄激争之一事起，即芦汉铁路与牛庄铁路事件是也。初盛宣怀承办芦汉铁路，于廿三年三月，与比利

第九章　外交家之李鸿章（下）

时某公司订定借款，约以本年西正月交第一次。及德占胶州后，该公司忽渝前盟，谓非改约，则款无所出。盛宣怀与李鸿章、张之洞等商，另与结约。而新结之约，不过以比利时公司为傀儡，而实权全在华俄银行之手。华俄银行者，实不啻俄国政府银行也。以此约之故，而黄河以北之地，将尽入俄国主权之内，而俄人西伯利亚之铁路，将以彼得堡为起点，以汉口为终点矣。英人大妒之，乃提议山海关至牛庄之铁路归英国承办，将以横断俄国之线路。俄公使到总署，大争拒之，英俄两国，几于开战，间不容发，而皆以中国政府为磨心。万种难题，集于外交官数人之身。其时皇上方亲裁大政，百废俱举，深恨李鸿章以联俄误国，乃以七月廿四日，诏鸿章毋庸在总理各国事务衙门行走，于是外交之风浪暂息，而李鸿章任外交官之生涯亦终矣。

按：义和团时代李鸿章之外交，于第十一章论之。

西人之论曰："李鸿章大手段之外交家也。"或曰："李鸿章小狡狯之外交家也。"夫手段狡狯，非外交家之恶德。各国并立，生存竞争，惟利是视。故西哲常言个人有道德，而国际无道德。试观列国之所称大外交家者，孰不以手段狡狯得名哉。虽然，李鸿章之外交术，在中国诚为第一流矣，而置之世界，则瞠乎其后也。李鸿章之手段，专以联某国制某国为主，而所谓联者，又非平时而结之，不过临时而嗾之，盖有一种战国策之思想，横于胸中焉。观其于法越之役，则欲嗾英德以制法；

于中日之役，则欲嗾俄英以制日；于胶州之役，则又欲嗾俄英法以制德，卒之未尝一收其效，而往往因此之故，所失滋多。胶州、旅顺、大连、威海卫、广州湾、九龙之事，不得不谓此政策为之厉阶也。夫天下未有徒恃人而可以自存者。泰西外交家，亦尝汲汲焉与他国联盟，然必我有可以自立之道，然后可以致人而不致于人。若今日之中国，而言联某国联某国，无论人未必联我，即使联我，亦不啻为其国之奴隶而已矣，鱼肉而已矣。李鸿章岂其未知此耶？吾意其亦知之而无他道以易之也。要之，内治不修，则外交实无可办之理。以中国今日之国势，虽才十倍于李鸿章者，其对外之策，固不得不隐忍迁就于一时也。此吾所以深为李鸿章怜也。虽然，李鸿章于他役，吾未见其能用手段焉，独《中俄密约》，则其对日本用手段之结果也。以此手段，而造出后此种种之困难，自作之而自受之，吾又何怜哉？

按：胶州以后诸役，其责任不专在李鸿章，盖恭亲王、张荫桓，皆总理衙门重要之人，与李分任其咎者也，读者不可不知。

第十章　投闲时代之李鸿章

日本议和后入阁办事

巡察河工

两广总督

自同治元年（1862）以迄光绪二十七年（1901），凡四十年间，李鸿章无一日不在要津。其可称为闲散时代者，则乙未三月至丙申三月间凡一年，戊戌八月至庚子八月间凡两年而已。戊己庚之间，鸿章奉命治河，旋授商务大臣总督两广，在他人则为最优之差，而按之李鸿章一生历史，不得不谓为投闲也。其闲之又闲者，为乙丙之间入阁办事，及戊戌八月至十一月退出总理衙门，无可论述。至其治河治粤，固亦有异于常人者焉。附论及之，亦作史者之责任也。

中国黄河，号称难治。数千年政论家，皆以之为一大问题，使非以西人治密士失必河之法治之，则决不可以断其害而收其利。当戊戌八月以后，李鸿章方无可位置，于是政府以此役任之。此亦可为河防史上添一段小小公案也。今录其奏议所用比国工程师卢法尔勘河情形原稿如下。

一、雏口至盐窝沿河情形

河身　黄河自河南龙门口改道以来，水性趋下，由北而东，奔流山东，入大清河，遂取道入海。其始东奔西突，人力难施，至两年以后，河流已定，方筑堤岸。河流曲折，其堤岸亦因之而曲折。迨河流变迁，堤岸不能俱随之变迁。临水远近不等，然堤岸全无保护，任水漂刷。现在小水河面，约宽九十丈至一百五十丈，河底则深浅不一。有河面宽处，水深仅四五尺，不便行船者；有河面忽窄，水深至三丈者。河流朝夕改道，旋左旋右，临流之岸，即为冲刷，带至流缓之处，又淤为滩。官民则任水所为，向无善策，惟于险处救急，决处补苴。而沿河常见岸土于四五足高处，塌陷入水，际此隆冬，水小流缓，尚且如此，化冻之后，大汛之时，水大流急，更当如何？下游低岸如此，上游土山一带，不问可知。无怪黄河泥沙之多，为五大洲群流之最也。大汛时堤内沙滩全为漫淹，因河底浅深不一，河身亦俯仰不一，故流水速率，处处不同。且下游之地极平，每里高低，不逾五寸，河流甚缓。容水之地，日益以隘，淤垫日高，年复一年，险上加险。职此之故，堤外之地，较堤内之滩，有低一尺者，有低至七八尺者。监工路过杨史道口时，曾将河面测量，计水面宽百三十八丈，河底最深二丈三尺，流水速率一秒钟约四尺。按此推算，每秒钟过水之数，约五万七千四百五十六立方尺，容水面积约一万三千六百八十方尺。又在盐窝上游测量，计此处水面仅宽一百零二丈，河底最深一丈二尺，容水面积约九千一百八十方尺。斯时杨史道口尚未合笼，大溜半归决口，不走盐窝，理合声明。至盛涨时，过水数目，言人人殊。按照两处地方文武官员所指示水志，计杨史道口容水面积应系三万六千一百八十方尺，盐窝容水面积应在二万四千四百八十方尺。因大水速率，无从探询，致过水之数，不能复计。然不知进水之数，断难定河面宽窄、堤岸远近之数也。计自雒口至盐窝约三百七十里。

民埝 滨河之堤，谓之民埝，系民所修，官所守，为现时束水最要之堤也。民埝距水，远近不等，有即在水滨者，有离水至三四里者，当时修造，任意为之，并无定理，甚至其弯曲有令人不可解者。其高低厚薄，亦各处互异，有高于现时水面九尺者，有高至一丈五尺者，高逾沙滩五尺至八尺不等，高逾堤外之地亦九尺至一丈五尺不等。其堤顶有宽二丈四尺者，有宽三丈六尺者，新筑之埝则较厚。忽高忽低，忽厚忽薄，其收坡亦斜直不同，良可异也。看守民埝，未甚周密，为水挖刷之处颇多，并无随时修理，积年累月，不至于决陷者几希。民埝皆以极松淤土为之，并无焦泥，入地不深。即有焦泥，不难挑取。埝顶可行大车、坐车、手车，轨道甚深，过路处或堤坡而上下，或截堤而低之。堤上筑盖民居，并不加宽培厚，凡此皆最易损堤者。查泰西各国堤工坡上种青草，不惮讲求，不惜巨费，盖草根最能护堤也。此处之堤，都不种草，一二处偶尔有草，为民芟除净尽，甚至连根拔起。据云系取以烧锅，或喂牲口，殊不知无草则堤难保，堤难保则水患不旋踵矣。愚民不思，其属可嗤。耙草之器，最能损堤，应悬厉禁，不准行用，此亦保堤之一道。盖草既拔去，堤复耙松，大风一起，堤土飞扬，堤顶遂逐渐而低，堤身亦逐渐而薄，此器为害，不亦大哉？沿河之堤，有种柳已成荫者，有初栽仅盈尺者。柳根最能固堤，应于沿河堤岸一律遍栽，设法保护，不准攀折。并行种藤，更为坚实，柳条藤条，俱可编埽，筑堤较秸料坚固远甚，且可随处就近取材，勿须更出资采买，一举两得，莫妙于此，何惮而不为之耶？

  大堤 大堤系公家所修，距民埝甚远，而远近处处不周，且多弯曲，殊不可解。现在此堤虽有如无，大不可恃。堤上居民鳞次栉比，全成村落，即取堤土以筑其居，致堤残缺不全。且过路之处，切与地平，竟成大口。堤上坡上，亦多种麦，颇能损堤。盛涨时民埝尚决，大堤未有不溃者也。该堤宽处，其顶尚有三丈六尺，高一丈二尺至一丈六尺不等，然完整者绝少。闻杨史道口水决民埝竟能走溜入小清河，淹溺村落，贻害居民者，良以大堤旧口未修，使水有隙可乘耳。询诸河官，何以大堤之口不堵？据答百姓不愿，今若修大堤，则千余村之居民，必环起而攻等语。可见修大堤非特无益，且不洽舆情也。大堤之外，居民甚多，有数百十户成村者，有四五家自立门户者，或筑围堤自护，或建高阜而居，大抵皆预作防水之计。村外周围之地，颇属膏腴，居民即以之耕耘，以供饮啄。此外尚有斜堤拦坝，皆以保此村田者也，然残废亦与大堤同。若民埝出险，不足恃也。

  险工　沿河一带，险工最多。凡顶冲之处，或已决之处，皆有工程。其工程磨盘埽居，多以秸料覆土，层垒为之，形如磨盘，或紧贴于岸，或接连于堤，其形势分歧不一，即高低厚薄，亦每埽不同。每埽错落参差，绝不相连，中仍走水，以使三面受敌，不知何意。鄙见数埽应一气呵成，不存罅隙，既省料工，更形坚固。且料埽入水，削如壁立，不作斜坡，适足以当冲，不能使水滑过，似非得法。至秸料亦非经久之物，因其中有心，质如灯草，最能吸水，使料易于腐烂，料烂则与沙土同，毫无劲力矣。监工曾见旧埽数处，虽形势相连，而根基已坏，一经盛涨，必即漂流，民埝定为所累。或云秸料为本地土产，用广价廉，舍此别无他料。诚能如监工前篇所言，多种藤柳，数年之后，便可足用，更勿须以巨万金钱造此不经久之事。或又云料埽原以挑水，一两年后，水已收道，料埽虽烂，亦复何虑。监工殊不谓然。若不改弦更张，恐抢险不过养疽耳。为今之计，虽无他料可用，其埽工应先行改式。傍岸者使之连成一片，作斜坡入水，以导其流，并须多用木桩，牵连于岸，以坚固麻绳系之，其护埽所抛之石，亦宜加粗加多，位置得法，方可御冲刷之力。监工曾见有以石块排于埽上者，镇压秸料，不使为风吹去，抑何可笑。此外尚有石堤，如北镇一带，尚称稳固，而盐窝石堤，则已根底全虚，所未即坍圮者，赖尚有石灰粘凑，然亦不能久矣。

二、盐窝至海口尾闾情形

黄河尾闾 已由盐窝改道三次，首次向东北由铁门关入海，二次向东由韩家垣入海，三次庙东南由丝网口入海。今谨将三处情形次第言之，尚有新挑引河一条，亦并论及。

铁门关海口 此系大清河尾闾。黄河改道山东以来，由此入海，历三十余年，至韩家垣决口，舍东北而向正东。今铁门关一道，前半已淤垫甚高，河身成为平地，莫可辨识，左右两堤，尽成村落。铁门关以下，堤已尽矣，一派黄沙，地极瘠苦。约距铁门关下游八里，河形复见，有水直通于海，河边之地，虽系沙滩，而沙下不深，便有混土。河中之水，平时深约二尺，大潮可涨至三四尺，可至萧神庙，若东北风大作，可增至五六尺不等，由三沟子起有船只可以出海，往来烟台。此次因河冻地潮，不能出海查勘，

第十章 投闲时代之李鸿章

仅至三沟子以下十里，满地苇草，大潮所经，遂返辔不复前进。据土人言，往下八里，已见寻常潮汐，再往下十二里，便为海滨。海口有拦门沙，潮退时，仅深二尺。此沙共长宽若干，未曾复勘，揣度必不甚小。计自盐窝至铁门关，海口约一百一十里。

韩家垣海口　自韩家垣决口，黄河尾闾取道于此，垂八九年，近复改道东南。韩家垣一带，已无黄河踪迹，惟自新萧神庙以下，距海约六十里之遥，复见河形，中亦有水，系最低之地，积水不消。闻距海约十一里，此河分为两溜，状如燕尾，然亦不深。海口亦有拦门沙，潮退时，直塞口门，不容河水泻出。此拦门沙露出水面，宽约二里。查韩家垣一道，并未筑堤。计自盐窝至韩家垣海口，约一百里。

新挑引河　此河系于韩家垣决口之后，特于口门之下，挑挖一道，以便引水至萧神庙旧槽入海。然当时深仅四五尺，宽仅三丈，现在尚无此数。弯曲甚多，此河计长四十里，若取直共有二十五里，大约系循原有水道挑挖节省工费之故。河底以萧神庙、韩家垣两处，挖深三尺，便有泥土，亦有泥土竟见于地面者。周围各村，均有井，深一丈一尺，即可见水，泥在水中，不甚深也。铁门关附近，有烧瓦器之窑。该处土质，概可想见。

丝网口海口　现在黄河之由此口入海，漫散地上，并无河道。小水时分为多，溜底均不深，中有沙滩，正溜水底，

095

深仅三四尺，有一两处最深，亦不过一丈。将近海口，则只有一尺四五寸，此处水面甚宽，约有三百丈之多。闻海口并无拦门沙，想系流缓溜浅，其沙已于地上停淤，无可再送入海也。查北岭子决口之时，尚有上游三处，同时开口，故丝网口水流不猛，北岭子门之树，至今犹竖水中，古庙一座，亦巍然独立，是其明验。若谓辛庄等处，房舍漂流，则系土屋不坚之故，非水力汹涌有以致之也。北岸于北岭子以下，并未设堤，惟以铁门关南堤为北岸，以护村落而已。南岸则由盐窝起新行接筑，一堤距水约远二里。计自盐窝至丝网口海口约九十里。

三、酌量应办治河事宜

治河如治病　必须先察其原。欲察其原，必须先按脉理，方知其病原之所在，然后施药。不特厥疾可疗，而且永无后患。若但按疮敷药，不问其毒发于何处，非良医之所为也。黄河在山东为患，而病原不在于山东。若只就山东治黄河，何异于按疮敷药？虽可一时止痛，而不久旧疾复作矣，盖其毒未消，其病根未拔也。夫水性犹人，初本善也，若不导之、教之，性乃迁矣。天之生水，原以养人，何尝以害人？乃人不知其性，不防其迁，遂使肆为暴虐，生民昏垫，国帑虚糜，终无底止。推原其故，良因治水仅就一隅，不筹全局。今若一误再误，恐徒劳无功耳。欲求一劳永逸，宜先就委窍原。由山东视黄河，黄河只在山东。由中国视黄河，则黄河尚有不在山东者，安知山东黄河之患，非从他处黄河而来？故就中国治黄河，黄河可治；若就山东治黄河，黄河恐终难治。请详言之。溯黄河之源，出于星宿海，取道甘肃，流入蒙古沙漠，改道多次，始至山西，已挟沙而来矣；道出陕西，又与渭水汇流，其质更浊；再穿土山向东而出，拖泥带水，直入河南，所至披靡、水益浑矣。此即黄河之病原也。下游之病良由此，主治之宜在病原加意。盖下游停淤之沙，系从上游拖带而来。上游地高，势如建瓴，且两面有山约束之，水流极速，沙不能停，迨一过荥泽，一派平原，水力遂杀，流缓则沙停。沙停则河淤，河淤过高，水遂改道，此自然之理。证诸往事，已有明证。惟一河改道，万姓遭殃，转于沟壑，死于饥寒，从古迄今，不知凡几。而黄河则南迁北徙，畅所欲为，以开封为中心，自辟半径之路，于扬子江北中间千五百里扇形之地，任意穿越，虽齐鲁诸大峰，亦难阻止。河水所经之处，沙停滩结，民叹其鱼，防不胜防，迄无良策，补偏救弊，劳民伤财，其祸较疾病刀兵尤为猛烈。然天下无不治之水，虽非易事，尚非人力难施。其法维何？曰求诸算学而已。

治法，夫治法岂易言哉！黄河延袤中国境内，计一万余里之长。地势之高低，河流之屈曲，水性之缓急，含沙之多少，向未详细考究，并无图表。问诸水滨，亦鲜有能答之者。今欲求治此河，有应行先办之事三：一、测量全河形势，凡河身宽窄深浅，堤岸高低厚薄，以及大水小水之浅深，均须详志；二、测绘河图，须纤悉不遗；三、分段派人查看水性，较量水力，记载水志，考求沙数，并随时查验水力若干，停沙若干。凡水性沙性，偶有变迁，必须详为记出，以资参考。以上三事，皆极精细，而最关紧要者，非此无以知河水之性，无以定应办之工，无以导河之流，无以容水之涨，无以防患之生也。此三事未办，所有工程，终难得当，即可稍纾目前，不旋踵而前功尽隳矣。若测绘既详，考究复审，全局在握，便可参酌应办工程，以垂久远。犹须各省黄河，统归一官节制，方能一律保护，永无后患，但照此办理，经费必巨。然欲使一劳永逸，宜先筹计每年养河之费若干，堵筑之费若干，蠲免粮钱若干，赈济抚恤若干，财产淹没若干，民命死亡若干，并除弊后能兴利若干，积若干年共计若干，较所费之资，孰轻孰重，孰损孰益，不至于犹豫矣。

  按照图志，可以知某处水性地势，定其河身。由河身，即可定水流之速率，不使变更；水面之高低，不使游移。凡河底之浅深，河岸之坚脆，工料之松固，均可相因，无意外之虑。此皆算学精微之理，不能以意为之。定河身最为难事。须知盛涨水高若干，其性若何，停沙于河底者几多，停沙于滩面者几多，涨之高低、速率不同。定河身须知各等速率，方能使无论高低之涨，其速率均足刷沙入海。河

第十章　投闲时代之李鸿章

形弯曲，致生险工，亦须酌改，然大非易事，非详慎推算不为功。盖裁弯取直则路近，路近则低率（即地势高低之数）增，低率增则速率亦增，速率增则过水之数亦增，于盛涨时尤宜并上下游通行筹算后，方可裁去一弯。盖裁弯能生他险，不可不虑，此亦非但凭眼力可为之事。

河堤所资以束水者也，须并河身一同推算。即入水斜坡，统须坚固，以御异常盛涨，方不至误事。至堤之高低、厚薄，则视土性之松实，料质之坚脆耳。至应如何造法，亦须视水线高低，水力缓急。所需材料，总以能御水挖为妙，不必尽用石堤，亦毋庸尽用料埽，盖土堤筑造坚实，护以柳树草片，亦足以御寻常水力。查各国护河之堤，多以土为之，并无全用石工者。但须推算合法，位置得宜，看守不懈，勿任践踏耳。其石堤料场，只于险处用之。总而言之，可省者宜省，不可省者必不宜省，然非测算精详不可。监工兹绘堤式两种，似与黄河合宜，何处应用何式，则俟临时查勘，因地制宜，非谓全河均应改用也。惟无论需用何种材料，均须采择上品者方能坚久。大水时河流至堤根，小水时河流在两岸之中。而堤与岸均系松土，常为急流挟之以去，即化为沙，至流缓处，淤成高滩，积渐遂生危险。此固可虑，而尤可虑者，上游各土山随时坍塌入水，流至下游，为患甚烈。应行设法保护，于过水两岸，尽筑斜坡，先护以泥，再种草片，并多栽树木，以坚实之。有险之处，则宜于岸根打桩，以树枝编成筐，以泥土填成块，再叠石为墙，或砌石为坡，并抛大石块于水底，方足以御水力。其土山两旁，亦须抛石水底，再筑石墙于其上，以阻塌陷，如此则岸土不致为水拖带，河流可以渐清，河患自然日减。此系治河应办紧要之工程。

大溜应教常走河之中间，宜在何处设法，此时不能预定。大约须于弯处水底多筑挑水坝，以导其流。挑水坝应用树枝，或用石块，则俟随时斟酌情形办理，惟秸料不能经久，且无劲力，则不可用。减水坝亦应讲求，以防异常盛涨，宜即设在堤边。应先测量地势，察勘情形，以河流之方向，定坝口之方向。此坝须以大石并塞门德土为之。坝后所挑之河，或已有之河，应筑坚堤约束，庶所过之水，不致以邻国为壑。此河亦须宽深不甚弯曲，且低于黄河，其河身实有容水之地，始能合用。

黄河尾闾海口高仰，复有拦门沙，致河水入海未畅。应用机器挖土船以挑挖之，然先筑海塘，再用机器，或可事半功倍。此海塘接长河堤入海，则水力益专，能将沙攻至海中深处，为海口必不可少之工程。再用机器于拦沙挖深一道，俾水力更激，可以自刷其余。此项工程，需费颇巨，然各国海口均有之，黄河何独不然？美国密西西比海口，奥国大牛白海口，前亦堵塞，今大轮船可以往来，是其明验。法国仙纳海口，前此亦有拦沙阻碍，行船最为险恶，旋经

第十章　投闲时代之李鸿章

以大石填海，筑造海塘，高出大潮水面，两塘相距九十丈，塘成之日，海口竟深至二丈，至今船只称便。比国麦司海口，亦曾兴此大工。此外尚有多处，不胜枚举。

黄河延袤数省，关系国计民生极大。现时上游水至下游，不能即知。下游出险，上游事后方觉，声气不通，防范未能周密。应照永定河办法，沿河设立电线，按段通电，随时随事，报知全河官弁，俾患可预弭。此为刻不容缓之事。治河之工程，既已举行，守河之章程，亦宜厘定，俾一律恪遵，永远办理，方不致前功尽弃。查现在河防员弁，虽能克己奉公，而百姓践蹋堤埽挑土砍柳锄草诸恶习，并未广为禁止。应妥定律例，严行厉禁，周密巡查，犯者惩治。堤上不准搭盖房屋，如须行车，必专筑马路之处，格外培厚，方不至于损堤。官弁随时稽查，稍有残缺不整，即为修补。如此则工程可永远完固，不致生意外之虞。黄河上游，应否建设闸坝用以拦沙，或择大湖用以减水，亦应考。求治河有此办法，理合声明。上游之山，应令栽种草木，以杀水势。泰西各国，因山水暴发，屡次为灾，饬令于源头及濒水诸山栽种草木，水势遂杀。偶有一二处树木，被人私砍，水势即复猖狂，政府严行禁止，并设官专管树木。西人重视此事，是有效验之明证。查山水暴发，其故有二：一因山上土松，不能吸水；二因山势陡峭，无以阻水。若遍种树木，则树根既能坚土，又复吸水，且可杀其势，从容而下，不至倒泻。倘山上不宜种树，亦应种草，其功虽不及树木之大，亦终胜于无。法国颁行亚尔伯诸山种树律例以来，成效已大著矣。

四、现时应办救急事宜

前篇治河应办各事，既非旦夕之功。必俟全河详细测量，估计工料，妥筹办法，方臻美备。诚恐河流汹涌，迫不及持，亟应先办救急事宜。庶几现时灾患不生，将来治理较易，救急之事维何？曰培修堤岸，固筑险工，并疏通尾闾而已。至于更改河形以畅其流，展缩河身以顺其性，保护堤岸以阻其倾，各工程应俟日后从容办理，此时无暇及此。

培修河堤之法，前篇已详言之，毋庸再赘。惟应以埝为堤。若大堤则相距太远，有河面过宽之患，又复残缺不整，修无可修，即修亦无益。各处险工，宜全行固筑，应派员全工查勘，估计工程。凡当冲之堤，已朽之埽，务即一律保护，其过低过薄之堤，亦应加高培厚。堤内临水之坡，应加泥一层，以种青草，并于堤根遍栽树木，设法禁人践踏。此为最急之务，速办为妙。有险处之堤根，或抛石或编坝以固之，亦须因地制宜。凡堤有所开过路之道，应即行修补，并于堤顶筑造石子马路，以便车马往来，不至损碍。尾闾海道，最宜妥定，铁门关、韩家垣现均淤塞，丝网口则水势散漫，并无河槽。查此项尾闾，择地者主见不一：有谓铁门关淤塞处应挑通使水仍复旧道者；有谓宜仍由韩家垣旧道者；有谓应由十六户挑引河直至铁门关以避盐窝险工者；有谓应由盐窝挑一直河仍由丝网口者；有谓应于蒲台县三岔河引水入海者；有谓黄河应于大马家挑河至孔家庄并入徒骇河使之入海者。大马家在利津上游八里之地，查徒骇河形颇弯曲。孔家庄河面约宽九十丈，小水水面约六十丈，两岸颇高，并未筑堤，大水约离岸尚低八尺，其上游于禹城以下，全已淤塞，海口约距孔家庄七十里，并无拦沙。鄙意黄河未治之先，其水不应走徒骇河，盖恐浊流入清，即使清者亦变为浊，未免可惜。如欲酌定一处，必须于各处详细测量，品地势之高低，察流水之方向。查现在武备学堂测量生颇具聪明，又复勤奋，四散测量，不遗余力，惜时日太促，未能详备，所绘之图，只能阅其大概，况各段河中过水之数，以及地之低率，无从查考。至引河河形，惟按海口之地甚平，引河以愈短愈直愈妙。盖河短势直，即低率市增，流水较有力也。河身则以能容盛涨为度，两堤则以能束水为度，又须格外坚固，以防冲决。大约海口所有旧河槽，以不用为妙，以旧槽形皆曲折，堤亦不周备，不如另择新地酌量形势办理之为愈。今无论引河挑在何处，其海口必须有机器挖沙，不能恃水自刷，因河病未除，河沙未减，到处停淤之病，仍不能免，恐新挑之河，不久亦如旧口为沙堵塞不通也。鄙意引河河形，以能容水畅流为度，庶无意外之虑。减水坝为必不可少之件，应设何处，尚未详考。有人指示济南府城下游十八里，原有滚坝之处，似可合用。监工于归途便道履勘，见此坝距黄河尚有五里，原造之意，系引济南诸山清水入黄，以助攻沙，然向未启用。坝门甚小，只有一丈四尺，又与诸河不通，若欲用之，尚须另挑引河以通小清河。查小清河河身，仅足自容，盛涨时水已漫岸，又无河堤约束，若再将黄河灌入，势必漫漫，即济南省城亦恐遭淹溺。鄙意如欲减水，以入徒骇河为宜，然仍须测量筹算方可定议，惟徒骇河亦须加宽添筑河堤，方可合用。

以上四大端，皆系知无不言，言无不尽。是否有当，均候裁夺示遵。监工此番奉委勘河，常与司道大员及地方官合同查勘。虽各人看法稍异，而和衷共济，为国家宣劳，为中堂效命，以国计民生为怀，作一劳永逸之想，则不约而同。盖无分中外。咸欲赞成利国利民之大功，其胸中则毫无成见也。

卢法尔谨上

李鸿章之督粤也，承前督李瀚章、谭钟麟之后，百事废弛已极，盗贼纵横，萑苻遍地。鸿章至，风行雷厉，复就地正法之例，以峻烈忍酷行之，杀戮无算，君子病焉。然群盗慑其威名，或死或逃，地方亦赖以小安。而其最流毒于粤人者，则赌博承饷一事是也。粤中盗风之炽，其源实由赌风而来。盗未有不赌，赌未有不盗。鸿章之劝赌也，美其名曰"缉捕经费"，其意谓以抽赌之金为治盗之用也。是何异恐民之不为盗而以是

第十章　投闲时代之李鸿章

诲之？既诲之，而复诛之，君子谓其无人心矣。孟子曰："及陷于罪，然后从而刑之，是罔民也。"夫不教而刑，犹谓罔民，况劝之使人于刑哉？扬汤止沸，施薪救火，其老而悖耶？不然，何晚节末路，乃为此坏道德损名誉之业以遗后人也。或曰："鸿章知赌风之终不可绝，不如因而用之以救政费之急。"夫淫风固未易绝，而未闻官可以设女闾；盗风固未易绝，而未闻官可以设山泊。此等义理，李鸿章未必不知之。知之而复为之，则谓之全无心肝而已。鸿章莅粤，拟行警察法于省城，盖从黄遵宪之议也。业未竟而去。

粤中华洋杂处，良莠不齐。狡黠之徒，常藉入教为护符，以鱼肉乡里，而天主教及其他教会之牧师，常或袒庇而纵恣之。十年以来，大吏皆阘冗无能，老朽濒死，畏洋如虎，以故其焰益张。李鸿章到粤，教民尚欲逞故技以相尝试。鸿章待其牧师等，一据正理，严明权限，不稍假借。经一二次后，无复敢以此行其奸者。噫嘻！以数十年老练之外交家，虽当大敌或不足，然此幺麽者，则诚不足以当其一嘘矣。今之地方官，以办教案为畏途者，其亦太可怜耳。

鸿章之来粤也，盖朝旨以康党在海外气势日盛，使之从事于镇压云。鸿章乃捕击海外义民之家族三人焉。无罪而孥，骚扰百姓，野蛮政体，莫此为甚。或曰："非李鸿章之意也。"虽然，吾不敢为讳。

第十一章　李鸿章之末路

义和团之起

李鸿章之位置

联军和约

中俄满洲条约

李鸿章薨逝

身后恤典

李鸿章最初之授江苏巡抚也，仅有虚名，不能到任；其最后之授直隶总督也，亦仅有虚名，不能到任。造化小儿，若故为作弄于其间者然。虽然，今昔之感，使人短气矣。鸿章莅粤未一年，而有义和团之事。义和团何自起？戊戌维新之反动力也。初，今上皇帝既以新政忤太后，八月之变，六贤被害，群小竞兴，而康有为亡英伦，梁启超走日本。盈廷顽固党，本已疾外人加仇雠矣，又不知公法，以为外国将挟康梁以谋己也，

第十一章　李鸿章之末路

于是怨毒益甚。而北方人民，自天津教案以至胶州割据以来，愤懑不平之气，蓄之已久，于是假狐鸣篝火之术，乘间而起。顽固党以为可借以达我目的也，利而用之。故义和团实政府与民间之合体也，而其所向之鹄各异：民间全出于公，愚而无谋，君子怜之；政府全出于私，悖而不道，普天嫉之。

使其时李鸿章而在直隶也，则此祸或可以不作，或祸作而鸿章先与袁、许辈受其难，皆未可知。而天偏不使难之早平，偏不令李之早死。一若特为李设一位置，使其一生历史更成一大结果者。至六月以后，联军迫京师，于是李鸿章复拜议和全权大臣之命。

当是时，为李鸿章计者曰：拥两广自立，为亚细亚洲开一新政体，上也；督兵北上，勤王剿拳，以谢万国，中也；受命入京，投身虎口，行将为顽固党所甘心，下也。虽然，第一义者，惟有非常之学识，非常之气魄，乃能行之，李鸿章非其人也。彼当四十年前方壮之时，尚且不敢有破格之举，况八十老翁，安能语此？故为此言者，非能知李鸿章之为人也。第二义近似矣，然其时广东实无一兵可用，且此举亦涉嫌疑，万一廷臣与李不相能者，加以称兵犯阙之名，是骑虎而不能下也，李之衰甚矣！方日思苟且迁就，以保全身名，斯亦非其所能及也。虽然，彼固曾熟审于第三义，而有以自择，彼知单骑入都之或有意外，故迟迟其行，彼知非破京城后则和议必不能成，故逗留上海，数月不发。

两宫既狩，和议乃始。此次和议虽不如日本之艰险，而缪戾亦过之。鸿章此际，持以镇静，徐为磋磨，幸各国有厌乱之心，朝廷有悔过之意，遂于光绪二十七年（1901）七月，定为和约十二款如下：

第一款　一、大德国钦差男爵克大臣被戕害一事，前于西历本年六月初九日即中历四月二十三日，奉谕旨（附件二）亲派醇亲王载沣为头等专使大臣，赴大德国大皇帝前代表大清国大皇帝暨国家惋惜之意。醇亲王已遵旨于西历本年七月十二日即中历五月二十七日，自北京起程。二、大清国国家业已声明，在遇害该处所竖立铭志之碑，与克大臣品位相配，列叙大清国大皇帝惋惜凶事之旨，书以拉丁、德、汉各文。前于西历本年七月二十二日即中历六月初七日，经大清国钦差全权大臣文致大德国钦差全权大臣（附件三）。现于遇害处所建立碑坊一座，足满街衢，已于西历本年六月二十五日即中历五月初十日兴工。

第二款　一、惩办伤害诸国国家及人民之首祸诸臣。将西历本年二月十三、二十一等日即中历上年十二月二十五日、本年正月初三等日，先后降旨，所定罪名，开列于后（附件四、五、六）。端郡王载漪、辅国公载澜，均定斩监候罪名，又约定如皇上以为应加恩贷其一死，即发往新疆永远监禁，永不减免。庄亲王载勋、都察院左都御史英年、刑部尚书赵舒翘，均定为赐令自尽。山西巡抚毓贤、礼部尚书启秀、刑部左侍郎徐承煜,均定为即行正法;协办大学士吏部尚书刚毅、大学士徐桐、前四川总督李秉衡,均已身死,追夺原官,即行革职。又兵部尚书徐用仪、户部尚书立山、吏部左侍郎许景澄、内阁学士兼礼部侍郎衔联元、太常寺卿袁昶,因上年力驳殊悖诸国义法极恶之罪被害,于西历本年二月十三日即中历上年十二月二十五日奉上谕开复原官,以示昭雪(附件七)。庄亲王载勋已于西历本年二月二十一日即中历正月初三日,英年、赵舒翘已于二十四日即初六日均自尽。毓贤已于廿二日即初四日,启秀、徐承煜已于廿六日即初八日,均正法。又西历本年二月十三日即中历上年十二月廿五日上谕将甘肃提督董福祥革职,俟应得罪名,定谳惩办。西历本年四月廿九日、六月初三、□月□□等日即中历三月十一、四月十七、□月□□等日先后降旨,将上年夏间凶惨案内所有承认获咎之各外省官员,分别惩办。二、上谕将诸国人民遇害被虐之城镇停止文武各等考试五年(附件八)。

第三款　因大日本国使馆书记生杉山彬被害,大清国大皇帝从优荣之典,已于西历本年六月十八日即中历五月初三日降旨简派户部侍郎那桐为专使大臣,赴大日本国大皇帝前代表大清国大皇帝及国家惋惜之意(附件九)。

第四款　大清国国家允定在于诸国被污渎及挖掘各坟墓建立涤垢雪侮之碑,已与诸国全权大臣合同商定,其碑由各该国使馆督建,并由中国国家付给估算各费银两,京师一带，每处一万两，外省每处五千两。此项银两，业已付清。兹将建碑之坟墓，开列清单附后（附件十）。

第五款　大清国国家允定不准将军火暨专为制造军火各种器料运入中国境内，已于西历一千九百一年八月十七日即中历本年七月初四日降旨禁止进口二年。嗣后如诸国以为有仍应续禁之处，亦可降旨将二年之限续展（附件十一）。

第六款　上谕大清国大皇帝允定付诸国偿款海关银四百五十兆两，此款系西历一千九百年十二月二十二日即中历光绪二十六年十一月初一日条款内第二款所载之各国各会各人及中国人民之赔偿总数（附件十二）。（甲）此四百五十兆系海关银两，照市价易为金款，此市价按诸国各金钱之价易金如左：海关银一两，即德国三马克零五五，即奥国三克勒尼五九五，即美国圆零七四二，即法国三佛郎克五，即英国三先令，即日本一圆四零七，即荷兰国一弗乐零七九六，即俄国一鲁布四一二。俄国鲁布，按金平算即十七多理亚四二四。此四百五十兆，按年息四厘，正本由中国分三十九年按后附之表各章清还（附件十三）。本息用金付给，或按应还日期之市价易金付给。还本于一千九百零二年正月初一日起，至一千九百四十年终止。还本各款，应按每届一年付还，初次定于一千九百零一年正月初一日付还。利息由一千九百零一年七月初一日起算。惟中国国家亦可将所欠首六个月至一千九百零一

第十一章　李鸿章之末路

年十二月三十一日之息，展在自一千九百零二年正月初一日起，于三年内付还。但所展息款之利，亦应按年四厘付清。又利息每届六个月付给，初次定于一千九百零二年七月初一日付给。（乙）此欠款一切事宜，均在上海办理。如后诸国各派银行董事一名，会同将所有由该管之中国官员付给之本利总数收存，分给有干涉者，该银行出付回执。（丙）中国国家将全救保票一纸交驻京诸国钦差领衔手内。此保票以后分作零票，每票上各由中国特派之官员画押。此节以及发票一切事宜，应由以上所述之银行董事各遵本国饬令而行。（丁）付还保票财源各进款，应每月给银行董事收存。（戊）所定承担保票之财源，开列于后：一、新关各进款，俟前已作为担保之借款各本利付给之后，余剩者又进口货税增至切实值百抽五，将所增之数加之。所有向例进口免税各货，除外国运来之米及各杂色粮面并金银以及金银各钱外，均应列入切实值百抽五货内。二、所有常关各进款，在各通商口岸之常关，均归新关管理。三、所有盐政各进项，除归还泰西借款一宗外，余剩一并归入，至进口货税增至切实值百抽五。诸国现允可行，惟须一二端：一、将现在照估价抽收进口各税，凡能改者皆当急速改为按件抽税几何。改办一层如后，以为估算货价之基，应以一千八百九十七、八、九三年卸货时各货牵算价值，乃开除进口及杂货总数之市价。其未改以前，各该税仍照估价征收。二、北河、黄浦两水路，均应改善，中国国家亦应拨款相助。至增税一层,俟此条款画押两个月后,即行开办,除在此画押日期后至迟十日已在途间之货外,概不得免抽。

第七款　大清国国家允定各使馆境界以为专与住用之处,并独由使馆管理。中国民人,概不准在界内居住。亦可自行防守,使馆界线于附件之图上标明如后(附件十四):东面之线,系崇文门大街,图上十、十一、十二等字;北面图上系五、六、七、八、九、十等字之线;西面图上系一、二、三、四、五等字之线;南面图上系十二、一等字之线,此线循城墙南址随城垛而画。按照西历一千九百零一年正月十六日即中历上年十一月二十六日文内后附之条,中国国家应允诸国分应自主,常留兵队分保使馆。

第八款　大清国国家应允将大沽炮台及有碍京师至海通道之各炮台一律削平,现已设法照办。

第九款　按照西历一千九百零一年正月十六日即中历上年十一月二十六日文内后附之条款,中国国家应允由诸国分应主办,会同酌定数处留兵驻守,以保京师至海通道无断绝之处。今诸国驻防之处,系黄村、廊坊、杨村、天津军粮城、塘沽、芦台、唐山、滦州、昌黎、秦王岛、山海关。

第十款　大清国国家允定两年之久,在各府、厅、州、县将以后所述之上谕颁行布告:一、西历本年二月初一日即中历上年十二月十三日上谕,以永禁或设或入与诸国仇敌之会,违者皆斩(附件十五)。二、西历本年□月□□

日即中历□月□□日上谕一道，犯罪之人如何惩办之处，均一一载明。三、西历本年□月□□日即中历□月□□日上谕，以诸国人民遇害被虐，各城镇停止文武各等考试。四、西历本年二月初一日即中历上年十二月十三日上谕，各省抚督文武大吏暨有司各官，于所属境内均有保平安之责，如复滋伤害诸国人民之事，或再有违约之行，必须立时弹压惩办，否则该管之员，即行革职，永不叙用，亦不得开脱别给奖叙（附件十六）。以上谕旨现于中国全境渐次张贴。

第十一款　大清国国家允定将通商行船各条约内，诸国视为应行商改之处，及有关通商各地事宜，均行议商，以期妥善简易。按照第六款赔偿事宜，约定中国国家应允襄办改善北河、黄浦两水路，其襄办各节如左：一、北河改善河道，在一八九八年会同中国国家所兴各工，尽由诸国派员兴修。二、俟治理天津事务交还之后，即可由中国国家派员与诸国所派之员会办，中国国家应付海关银每年六万以养其工。三、现设立黄浦河道局，经管整理改善水道各工所，派该局各员，均代中国及诸国保守在沪所有通商之利益。预估后二十年，该局各工及经管各费应每年支用海关银四十六万两，此数平分，半由中国国家付给，半由外国各干涉者出资。该局员差并权责进款之详细各节，皆于后附文件内列明（附件十七）。

第十二款　西历本年七月二十四日即中国六月初九日

降旨，将总理各国事务衙门按照诸国酌定改为外务部，班列六部之前。此上谕内已简派外务部各王大臣矣（附件十八）。且变通诸国钦差大臣觐见礼节，均已商定由中国全权大臣屡次照会在案。此照会在后附之节略内述明（附件十九）。

兹特为议明以上所述各语，及后附诸国全权大臣所复之文牍，均系以法文为凭。大清国国家既如此按以上所述，西历一千九百年十二月二十二日，即中历光绪二十六年十一月初一日，文内各款，足适诸国之意妥办，则中国愿将一千九百年夏间变乱所生之局势完结，诸国亦照允随行。是以诸国全权大臣奉各本国政府之命代为声明，除第七款所述之防守使馆兵队外，诸国兵队即于西历一千九百零一年□月□□日，即中历□月□□日全由京城撤退。并除第九款所述各处外，亦于西历一千九百零一年□月□□日即中历□□年月□□日由直隶省撤退。今将以上条款缮定同文十二份，均由诸国全权大臣画押，诸国全权大臣各存一份，中国全权大臣收存一份。

联军和约既定，尚有一事为李鸿章未了之债者，则俄人满洲事件是也。初《中俄密约》所订，俄人有自派兵队保护东方铁路之权。至是义和团起，两国疆场之间有违言焉，俄人即藉端起衅，掠吉林、黑龙江之地，达于营口。北京方有联军之难，莫能问也。及和议开，俄人坚持此事归中俄两国另议，与都中事别为一谈。不得已许之。及列国和约定，然后满洲之问题起。李鸿章其为畏俄乎？为亲俄乎？抑别有不得已者乎？虽不可知，然其初议之约，实不啻以东三省全置俄国势力范围之下，昭昭然也。今录其文如下：

第一条　俄国交还满洲于中国，行政之事，照旧办理。

第二条　俄国留兵保护满洲铁路，俟地方平静后，并本条约之枢要四条一概履行后，始可撤兵。

第三条　若有事变，俄国将此兵助中国镇压。

第四条　若中国铁路（疑指满洲铁路）未开通之间，中国不能驻兵于满洲。即他日或可驻兵，其数目亦须与俄国协定，且禁止输入兵器于满洲。

第五条　若地方大官处置各事，不得其宜，则须由俄国所请，将此官革职。满洲之巡察兵，须与俄国相商，定其人数，不得用外国人。

第六条　满洲、蒙古之陆军海军，不得聘请外国人训练。

第七条　中国宜将旅顺口之北金州之自主权抛弃之。

第八条　满洲、蒙古、新疆伊犁等处之铁路、矿山，及其他之利益，非得俄国许可，则不得让与他国；或中国自为之，必亦须经俄国允许。牛庄以外之地，不得租借与他国。

第九条　俄国所有之军事费用，一切皆由中国支出。

第十条　若满洲铁路公司有何损害，须中国政府与该公司议定。

第十一条　现在所损害之物，中国宜为赔偿，或以全部利益，或以一部利益，以为担保。

第十二条　许中国由满洲铁路之支路修一铁路以达北京。

此草约一布，南省疆吏士民，激昂殊甚，咸飞电阻止，或开演说会，联名抗争。而英、美、日各国，亦复腾其口舌，势将干涉。俄使不得已，自允让步。经数月，然后改前约数事如下：

第一条　同

第二条　同

第三条　同

第四条　中国虽得置兵于满洲，其兵丁多寡，与俄国协议，俄国协定多少，中国不得反对，然仍不得输入兵器于满洲。

第五条　同

第六条　删

第七条　删

第八条　在满洲企图开矿山、修铁路及其他何等之利益者，中国非与俄国协议，则不许将此等利益许他国臣民为之。

第九条　同

第十一章　李鸿章之末路

第十条　同并追加"此乃驻扎北京之各国公使协议，而为各国所采用之方法"字样。

第十一条　同

第十二条　中国得由满洲铁路之支路修一铁路至直隶疆界之长城而止。

至是而李鸿章病且殆矣。鸿章以八十高年，久经患难，今当垂暮，复遭此变，忧郁积劳，已乖常度。本年以来，肝疾增剧，时有盛怒，或如病狂，及加以俄使，助桀为虐，恫喝催促，于邑难堪，及闻徐寿朋之死，拊心呕血，遂以大渐，以光绪二十七年（1901）九月廿七日薨于京师之贤良寺。闻薨之前一点钟，俄使尚来促画押云。卒之此约未定，今以付诸庆亲王、王文韶。临终未尝口及家事，唯切齿曰："可恨毓贤误国至此！"既而又长吁曰："两宫不肯回銮。"遂瞑焉长逝，享年七十八岁。行在政府得电报，深宫震悼。翌日奉上谕：

> 朕钦奉懿旨。大学士一等肃毅伯直隶总督李鸿章，器识渊深，才猷宏远，由翰林倡率淮军，戡平发捻诸匪，厥功甚伟。朝廷特沛殊恩，晋封伯爵，翊赞纶扉。复命总督直隶兼充北洋大臣，匡济艰难，辑和中外，老成谋国，具有深衷。去年京师之变，特派该大学士为全权大臣，与各国使臣妥定和约，悉合机宜。方冀大局全定，荣膺懋赏。遽闻溘逝，震悼良深。李鸿章著先行加恩，照大学士例赐恤，

赏给陀罗经被。派恭亲王溥伟带领侍卫十员，前往奠醊。予谥文忠，追赠太傅，晋封一等侯爵，入祀贤良祠，以示笃念荩臣至意。其余饰终之典，再行降旨。钦此。

其后复赏银五千两治丧。赏其子李经述以四品京堂，承袭一等侯爵，李经迈以京堂候补，其余子孙，优赏有差，赐祭两坛。又命于原籍及立功省份及京师建立专祠，地方官岁时致祭，列入祠典。朝廷所以报其勋者亦至矣。而此一代风云人物，竟随北洋舰队、津防练勇，同长辞此世界、此国民。吾闻报之日，成一挽联云：

太息斯人去 萧条徐泗空 莽莽长淮 起陆龙蛇安在也
回首山河非 只有夕阳好 哀哀浩劫 归辽神鹤竟何之

第十二章 结 论

李鸿章与古今东西人物比较

李鸿章之轶事

李鸿章之人物

李鸿章必为数千年中国历史上一人物，无可疑也；李鸿章必为十九世纪世界史上一人物，无可疑也。虽然，其人物之位置果何等乎？其与中外人物比较，果有若何之价值乎？试一一论列之。

第一，李鸿章与霍光。史家评霍光曰"不学无术"，吾评李鸿章亦曰"不学无术"。然则李鸿章与霍光果同流乎？曰："李鸿章无霍光之权位，无霍光之魄力。"李鸿章谨守范围之人也，非能因于时势，行吾心之所安，而有非常之举动者也。其一生不能大行其志者以此，安足语霍光？虽然，其于普通学问，或稍过之。

第二，李鸿章与诸葛亮。李鸿章忠臣也，儒臣也，兵家也，政治家也，外交家也。中国三代以后，具此五资格，而永为百世所钦者，莫如诸葛武侯。李鸿章所凭藉，过于诸葛，而得君不及之。其初起于上海也，仅以区区三城，而能奏大功于江南，创业之艰，亦略相类。后此用兵之成就，又远过之矣。然诸葛治崎岖之蜀，能使士不怀奸，民咸自厉，而李鸿章数十年重臣，不能辑和国民，使为己用。诸葛之卒，仅有成都桑八百株，而鸿章以豪富闻于天下，相去何如耶？至其鞠躬尽瘁，死而后已，犬马恋主之诚，亦或仿佛之。

第三，李鸿章与郭子仪。李鸿章中兴靖乱之功，颇类郭汾阳，其福命亦不相上下。然汾阳于定难以外，更无他事，鸿章则兵事生涯，不过其终身事业之一部分耳。使易地以处，汾阳未必有以过合肥也。

第四，李鸿章与王安石。王荆公以新法为世所诟病，李鸿章以洋务为世所诟病，荆公之新法与鸿章之洋务，虽皆非完善政策，然其识见规模，决非诟之者之所能及也。号称贤士大夫者，莫肯相助，且群焉哄之，掣其肘而议其后，彼乃不得不用金壬之人以自佐，安石、鸿章之所处同也。然安石得君既专，其布划之兢兢于民事，局面宏远，有过于鸿章者。

第五，李鸿章与秦桧。中国俗儒骂李鸿章为秦桧者最多焉。法越、中日两役间，此论极盛矣。出于市井野人之口，犹可言也，士君子而为此言，吾无以名之，名之曰狂吠而已。

第六，李鸿章与曾国藩。李鸿章之于曾国藩，犹管仲之鲍叔，韩信之萧何也。不宁惟是,其一生之学行见识事业,无一不由国藩提携之而玉成之。故鸿章实曾文正肘下之一人物也。曾非李所及,世人既有定评。虽然,曾文正,儒者也,使以当外交之冲,其术智机警,或视李不如,未可知也。又文正深守知止知足之戒,常以急流勇退为心,而李则血气甚强,无论若何大难,皆挺然以一身当之,未曾有畏难退避之色,是亦其特长也。

第七,李鸿章与左宗棠。左李齐名于时,然左以发扬胜,李以忍耐胜。语其器量,则李殆非左所能及也。湘人之虚骄者,尝欲奉左为守旧党魁以与李抗,其实两人洋务之见识不相上下,左固非能守旧,李亦非能维新也。左文襄幸早逝十余年,故得保其时俗之名,而以此后之艰巨谤诟,尽附于李之一身,文襄福命亦云高矣。

第八,李鸿章与李秀成。二李皆近世之人豪也。秀成忠于本族,鸿章忠于本朝,一封忠王,一谥文忠,皆可以当之而无愧焉。秀成之用兵、之政治、之外交,皆不让李鸿章,其一败一成,则天也。故吾求诸近世,欲以两人合传而毫无遗憾者,其惟二李乎。然秀成不杀赵景贤,礼葬王有龄,鸿章乃绐八王而骈戮之,此事盖犹有惭德矣。

第九,李鸿章与张之洞。十年以来,与李齐名者,则张之洞也。虽然,张何足以望李之肩背?李鸿章实践之人也,张之洞浮华之人也。李鸿章最不好名,张之洞最好名,不好名故肯任劳怨,好名故常趋巧利。之洞于交涉事件,着着与鸿章为难,要其所画之策,无一非能言不能行。鸿章尝语人云:"不图香涛做官数十年，仍是书生之见。"此一语可以尽其平生矣。至其虚骄狭隘，残忍苛察，较之李鸿章之有常识有大量，尤相去霄壤也。

第十，李鸿章与袁世凯。今后承李鸿章之遗产者，厥惟袁世凯。世凯，鸿章所豢养之人也。方在壮年，初膺大任，其所表见盖未著，今难悬断焉。但其人功名心重，其有气魄敢为破格之举，视李鸿章或有过之。至其心术如何，其毅力如何，则非今之所能言也。而今日群僚中，其资望才具，可以继鸿章之后者，舍袁殆难其人也。

第十一，李鸿章与梅特涅（Metternich）。奥宰相梅特涅，十九世纪第一大奸雄也。凡当国四十年，专出其狡狯之外交手段，外之以指挥全欧，内之以压制民党。十九世纪前半纪，欧洲大陆之腐败，实此人之罪居多。或谓李鸿章殆几似之，虽然，鸿章之心术，不如梅特涅之险，其才调亦不如梅特涅之雄。梅特涅知民权之利而压之，李鸿章不知民权之利而置之，梅特涅外交政策能操纵群雄，李鸿章外交政策不能安顿一朝鲜，此其所以不伦也。

第十二，李鸿章与俾斯麦。或有称李鸿章为东方俾斯麦者，虽然，非谀词，则妄言耳。李鸿章何足以望俾斯麦？以兵事论，俾斯麦所胜者敌国也，李鸿章所夷者同胞也；以内政论，俾斯麦能合向来散漫之列国而为一大联邦，李鸿章乃使庞然硕大之中国降为二等国；以外交论，俾斯麦联奥、意而使为我用，李鸿章联俄而反堕彼谋。三者相较，其霄壤何如也？此非以成败论人也，李鸿章之学问、智术、胆力，无一能如俾斯麦者，其成就之不能如彼，实优胜劣败之公例然也。虽李之际遇，或不及俾，至其凭藉则有过之。人各有所难，非胜其难，则不足为英雄。李自诉其所处之难，而不知俾亦有俾之难，非李所能喻也。使二人易地以居，吾知其成败之数亦若是已耳。故持东李西俾之论者，是重诬二人也。

第十三，李鸿章与格兰斯顿。或又以李、俾、格并称三雄。此殆以其当国之久位望之尊言之耳，李与格固无一相类者。格之所长，专在内治，专在民政，而军事与外交，非其得意之业也。格兰斯顿，有道之士也，民政国人物之圭臬也；李鸿章者，功名之士也，东方之人物也，十八世纪以前之英雄也。二者相去盖远甚矣。

第十四，李鸿章与爹亚士（Thiers）。法总统爹亚士，巴黎城下盟时之议和全权也。其当时所处之地位，恰与李鸿章乙未、庚子间相仿佛，存亡危急，忍气吞声，诚人情所最难堪哉。但爹亚士不过偶一为之，李鸿章则至再至三焉；爹亚士所当者只一国，李鸿章则数国，其遇更可悲矣。然爹亚士于议和后，能以一场之演说，使五千兆佛郎立集而有余，而法兰西不十年，依然成为欧洲第一等强国，若李鸿章则为偿款所困，补救无术，而中国之沦危，且日甚一日。其两国人民爱国心之有差率耶？抑用之者不得其道也。

第十五，李鸿章与井伊直弼。日本大将军柄政时，有幕府重臣井伊直弼者，当内治外交之冲，深察时势，知闭关绝市之不可，因与欧美各国结盟，且汲汲然欲师所长以自立。而当时民间，尊王攘夷之论方盛，井伊以强力镇压之，以效忠于幕府，于是举国怨毒，集彼一身，卒被壮士刺杀于樱田门外，而日本维新之运乃兴。井伊者，明治政府之大敌，亦明治政府之功臣也。其才可敬，其遇可怜，日人至今皆为讼冤。李鸿章之境遇，殆略似之，然困难又较井伊万万也。井伊横死，而鸿章哀荣，其福命则此优于彼焉。然而日本兴矣，然而中国如故也。

第十六，李鸿章与伊藤博文。李鸿章与日相伊藤，中日战役之两雄也。以败论，自当右伊而左李，虽然，伊非李之匹也。日人常评伊藤为际遇最好之人，其言盖当。彼当日本维新之初，本未尝有大功，其栉风沐雨之阅历，既输一等，故伊藤之轻重于日本，不如鸿章之轻重于中国，使易地以处，吾恐其不相及也。虽然，伊有优于李者一事焉，则曾游学欧洲，知政治之本原是也。此伊所以能制定宪法，为日本长治久安之计。李鸿章则惟弥缝补苴，画虎效颦，而终无成就也。但日本之学如伊藤者，其同辈中不下百数，中国之才如鸿章者，其同辈中不得一人，则又不能专为李咎者也。

李鸿章之治事也，案无留牍，门无留宾，盖其规模一仿曾文正云。其起居饮食，皆立一定时刻，甚有西人之风。其重纪律，严自治，中国人罕有能及之者。不论冬夏，五点钟即起，有家藏一宋拓《兰亭》，每晨必临摹一百字，其临本从不示人。此

第十二章 结 论

盖养心自律之一法。曾文正每日在军中，必围棋一局，亦是此意。每日午饭后，必昼寝一点钟，从不失时。其在总理衙门时，每昼寝将起，欠伸一声，即伸一足穿靴，伸一手穿袍，服役人一刻不许迟误云。

养生一用西医法，每膳供双鸡之精汁，朝朝经侍医诊验，常上电气。

戈登尝访李鸿章于天津，勾留数月。其时俄国以伊犁之役，颇事威吓，将有决裂之势。鸿章以询戈登，戈登曰："中国今日如此情形，终不可以立于往后之世界。除非君自取之，握全权以大加整顿耳。君如有意，仆当执鞭效犬马之劳。"鸿章矍然改容，舌挢而不能言。

李鸿章接人常带傲慢轻侮之色，俯视一切，揶揄弄之。惟事曾文正，如严父，执礼之恭，有不知其然而然者。

李鸿章与外国人交涉。尤轻侮之，其意殆视之如一市侩，谓彼辈皆以利来，我亦持筹握算，惟利是视耳。崇拜西人之劣根性，鸿章所无也。

李鸿章于外国人中，所最敬爱者唯两人：一曰戈登，一曰美国将军格兰德，盖南北美之战立大功者也。格兰德游历至津，李鸿章待以殊礼。此后接见美国公使，辄问询其起居。及历聘泰西时，过美国，闻美人为格兰德立纪功碑，即赠千金以表敬慕之情。

李鸿章之治事最精核，每遇一问题，必再三盘诘，毫无假借，不轻然诺，既诺则必践之，实言行一致之人也。

李鸿章之在欧洲也，屡问人之年及其家产几何。随员或请曰："此西人所最忌也，宜勿尔"。鸿章不恤。盖其眼中直无欧人，一切玩之于股掌之上而已。最可笑者，尝游英国某大工厂，观毕后，忽发一奇问，问于其工头曰："君统领如许大之工场，一年所入几何？"工头曰："薪水之外无他入。"李徐指其钻石指环曰："然则此钻石从何来？"欧人传为奇谈。

世人竞传李鸿章富甲天下，此其事殆不足信，大约数百万金之产业，意中事也。招商局、电报局、开平煤矿、中国通商银行，其股份皆不少。或言南京、上海各地之当铺银号，多属其管业云。

李鸿章之在京师也，常居贤良寺。盖曾文正平江南后，初次入都陛见，即僦居于此，后遂以为常云。将来此寺当为《春明梦余录》添一故实矣。

李鸿章生平最遗恨者一事，曰未尝掌文衡。戊戌会试时在京师，谓必得之，卒不获。虽朝殿阅卷大臣，亦未尝一次派及，李颇怏怏云。以盖代勋名，而恋恋于此物，可见科举之毒入人深矣。

以上数条，不见偶所触及，拉杂记之，以观其人物之一斑而已。著者与李鸿章相交既不深，不能多识其遗闻轶事，又以无关大体，载不胜载，故从缺如。然则李鸿章果何等之人物乎？吾欲以两言论断之曰：不学无术，不敢破格，是其所短也；不

第十二章 结 论

避劳苦，不畏谤言，是其所长也。呜呼！李鸿章往矣，而天下多难，将更有甚于李鸿章时代者，后之君子，何以待之？

吾读日本报章，有德富苏峰著论一篇，其品评李鸿章有独到之点，兹译录如下：

> 中国之名人物李鸿章逝，东洋之政局，自此不免有寂寞，不独为清廷起乔凋柱折之感而已。
>
> 概而言之，谓李鸿章人物之伟大，事功之崇隆，不如谓其福命之过人也。彼早岁得科第，入词馆，占清贵名誉之地位；际长发之乱，为曾国藩幕僚，任淮军统帅，赖戈登之力以平定江苏；及其平捻也，亦禀承曾国藩之遗策，遂成大功；及为直隶总督，办天津教案，正当要挟狼狈之际，忽遇普法战起，法、英、俄、美，皆奔走喘息于西欧大事，而此教案遂消沉于无声无影之间。迩来二十有五年，彼统制北洋，开府天津，综中国之大政，立世界之舞台，此实彼之全盛时代也。
>
> 虽然，彼之地位，彼之势力，非悉以侥幸而得之者。彼在中国文武百僚中，确有超卓之眼孔，敏捷之手腕，而非他人之所能及也。彼知西来之大势，识外国之文明，思利用之以自强，此种眼光，虽先辈曾国藩，恐亦让彼一步，而左宗棠、曾国荃更无论也。
>
> 彼屯练淮军于天津，教以洋操；兴北洋水师，设防于旅顺、威海、大沽；开招商局，以便沿海河川之交通；置

机器局，制造兵器；办开平煤矿；倡议设铁路。自军事、商务、工业，无一不留意。虽其议之发自彼与否暂勿论，其权全在彼与否暂勿论，其办理之有成效与否暂勿论，然要之导清国使前进以至今日之地位者谁乎？固不得不首屈一指曰：李鸿章也。

世界之人，殆知有李鸿章，不复知有北京朝廷。虽然，北京朝廷之于彼，必非深亲信者。不宁惟是，且常以猜疑憎嫉之眼待之，不过因外部之压迫，排难解纷，非彼莫能，故不得已而用之耳。况各省督抚，满廷群僚，其不释然于彼者，所在皆是。盖虽其全盛时代，而其在内之势力，固已甚微薄，而非如对外之有无限权力无限光荣也。

中日之役是彼一生命运之转潮也。彼果自初蓄意以主战乎？不能深知之。但观其当事机将决裂之际，忽与俄使喀希尼商，请其干涉弭兵，则其始之派兵于朝鲜，或欲用威胁手段，不战而屈日本，亦未可知。大抵彼自视过高，视中国过大，而料敌情颇有不审者，彼盖未知东亚局面之大势，算有遗策，不能为讳也。一言蔽之，则中日之役，实彼平生之孤注一掷也。而此一掷不中，遂至积年之劳绩声名，扫地几尽。

寻常人遭此失意，其不以忧愤死者几希。虽然，彼以七十三岁之高龄，内则受重谴于朝廷，外则任支持于残局，挺出以任议和之事，不幸为凶客所狙，犹能从容，不辱其命；

第十二章 结　论

更與梼赴俄国，贺俄皇加冕，游历欧美，于前事若无一毫介意者，彼之不可及者，在于是。

彼之末路，萧条甚矣。彼之前半生，甚亲英国，其后半生，最亲俄国，故英人目彼为鬻身于俄廷。以吾论之，彼之亲俄也，以其可畏乎？以其可信乎？吾不得而知之。要之，彼认俄国为东方最有势力之国，宁赂关外之地，托庇于其势力之下，以苟安于一时，此其大原因也。彼之《中俄密约》《满洲条约》等事，或视之与秦桧之事金，同为卖国贼臣，此其论未免过酷。盖彼之此举，乃利害得失之问题，非正邪善恶之问题也。

彼自退出总理衙门后，或任治河而远出于山东，或任商务而僻驻于两广，直至义和团事起，乃复任直隶总督，与庆王同任议和全权，事方定而溘然长逝，此实可称悲惨之末路，而不可谓耻辱之末路也。何也？彼其雄心，至死未消磨尽也。

使彼而卒于中日战事以前，则彼为十九世纪之一伟人，作世界史者必大书特书而无容疑也。彼其容貌堂堂，其辞令巧善，机锋锐敏，纵擒自由，使人一见而知为伟人。虽然，彼之血管中，曾有一点英雄之血液否乎？此吾所不敢断言也。彼非如格兰斯顿有道义的高情，彼非如俾斯麦有倔强的男性，彼非如康必达有爱国的热火，彼非如西乡隆盛有推心置腹的至诚。至其经世之识量，亦未有能令我感服而不能已者。要而论之，彼非能为鼓吹他人崇拜英雄心之偶像也。

……彼能忍人所不能忍，无论若何失望之事，视之如浮云过空，虽其内心或不能无懊恼乎，无悔恨乎，然其痕迹，从何处求之见之？不观乎铁血宰相俾斯麦乎？一旦失意退隐，其胸中瞋恚之火，直喷出如焰。而李鸿章则于其身上之事，若曾无足以挂其虑者然，其容忍力之伟大，吾人所尊敬膜拜而不能措者也。

若使彼如诸葛孔明之为人，则决无可以久生于此世界之理。……彼之一生，以前光后暗而终焉。而彼之处此，曾不以扰动其心。或曰：彼殆无脑筋之人也！虽然，天下人能如彼之无脑筋者有几乎？无脑筋之绝技一至此，宁非可叹赏者耶？

陆奥宗光尝评彼曰："谓彼有豪胆，有逸才，有决断力，宁谓彼为伶俐有奇智，妙察事机之利害得失也。"此言殆可谓铁案不移。虽然，彼从不畏避责任，是彼之不可及也。此其所以数十年为清廷最要之人，濒死而犹有绝大关系，负中外之望也。或曰：彼自视如无责任，故虽如何重大之责任，皆当之而不辞。然此之一事，则亦彼之所以为大也。

彼可谓中国人之代表人也。彼纯然如凉血类动物，中国人之性也；彼其事大主义，中国人之性也；其容忍力之强，中国人之性也；其硬脑硬面皮，中国人之性也；其辞令巧妙，

第十二章 结 论

中国人之性也；其狡狯有城府，中国人之性也；其自信自大，中国人之性也。彼无管仲之经世的识量，彼无孔明之治国的诚实，虽然，彼非如王安石之学究。彼其以逸待劳，机智纵横，虚心平气，百般之艰危纠纷，能从容以排解之，舍胜海舟外，殆未见有其比也。

以上之论，确能摹写李鸿章人物之真相，而无所遗，褒之不过其当，贬之不溢其短，吾可无复赞一词矣。至其以李鸿章为我国人物之代表，则吾四万万人不可不深自反也。吾昔为《饮冰室·自由书》，有《二十世纪之新鬼》一篇，今择其论李鸿章者，际录于下：

> 呜呼！若星氏、格氏可不谓旷世之豪杰也哉？此五人者（注：指域多利亚、星亨、格里士比、麦坚尼、李鸿章），于其国皆有绝大之关系。除域多利亚为立宪政府国之君主，君主无责任，不必论断外，若格里士比，若麦坚尼，皆使其国一新焉；若星亨，则欲新之而未能竟其志者也。以此论之，则李鸿章之视彼三人，有惭德矣。李鸿章每自解曰："吾被举国所掣肘，有志焉而未逮也。"斯固然也。虽然，以视星亨、格里士比之冒万险、忍万辱、排万难以卒达其目的者何如？夫真英雄恒不假他之势力，而常能自造势力。彼星氏、格氏之势力，皆自造者也。若李鸿章则安富尊荣于一政府之下而已。苟其以强国利民为志也，岂有以四十

年之勋臣耆宿，而不能结民望以战胜旧党者？惜哉！李鸿章之学识不能为星亨，其热诚不能为格里士比，所凭藉者十倍于彼等，而所成就乃远出彼等下也。质而言之，则李鸿章实一无学识、无热诚之人也。虽然，以中国之大，其人之有学识、有热诚能愈于李鸿章者几何？十九世纪列国皆有英雄，而我国独无一英雄，则吾辈亦安得不指鹿为马，聊自解嘲，翘李鸿章以示于世界曰：此我国之英雄也。呜呼！亦适成为我国之英雄而已矣，亦适成为我国十九世纪以前之英雄而已矣。

要而论之，李鸿章有才气而无学识之人也，有阅历而无血性之人也。彼非无鞠躬尽瘁死而后已之心，后彼弥缝偷安以待死者也。彼于未死之前，当责任而不辞，然未尝有立百年大计以遗后人之志。谚所谓"做一日和尚撞一日钟"，中国朝野上下之人心，莫不皆然，而李亦其代表人也。虽然，今日举朝二品以上之大员，五十岁以上之达官，无一人能及彼者，此则吾所敢断言也。嗟乎！李鸿章之败绩，既已屡见不一见矣。后此内忧外患之风潮，将有甚于李鸿章时代数倍者，乃今也欲求一如李鸿章其人者，亦渺不可复睹焉。念中国之前途，不禁毛发栗起，而未知其所终极也。

　　九州生气恃风雷，万马齐喑究可哀。
　　我劝天公重抖擞，不拘一格降人才。